Spiritual Revolution!

그리스도인의
당신의 삶에서 초자연적인 역사를 경험하라!
영적혁명

천사의 방문,
예언적인 꿈과 환상,
초자연적인 기적

Spiritual Revolution
by Patricia King

Copyright ⓒ 2006 by Patricia King
Published by Destiny Image
P.O. Box 310 Shippensburg, PA 1725-0310

Korean translation Copyright ⓒ 2008 by Pure Nard
2F 774-31, Yeoksam 2dong, Gangnam-gu, Seoul, Korea

The Korean edition is published by arrangement with Destiny Image.
All rights reserved.

본 저작물의 한국어판 저작권은 Destiny Image와의 독점 계약으로 한국어 판권은 '순전한 나드'가 소유합니다. 저작권자의 허락 없이 이 책의 일부 또는 전체를 무단 복제, 전재, 발췌하면 저작권법에 의해 처벌을 받습니다.

그리스도인의 영적혁명

지은이 패트리샤 킹
옮긴이 임정아 · 구자경

초판발행 2009년 3월 26일
3쇄 발행 2011년 3월 10일

펴낸이 허 철
펴낸곳 도서출판 순전한 나드
등록번호 제2010-000128
주소 서울 강남구 역삼2동 774-31 2층
도서문의 02)574-6702 /010-6214-9129
        Fax 02)574-9704
홈페이지 www.purenard.co.kr
인쇄 예원프린팅

ISBN 978-89-6237-036-2   03230

그리스도인의

영적혁명

Spiritual Revolution

패트리샤 킹 지음

PURE NARD

| 헌정사 |

하나님에 대한 더 큰 기대감으로
지금 갈급한 굶주림을 가진 모든 이들에게

| 감사의 글 |

나의 남편과 팀원들
나의 진실한 친구들입니다.

짐 골(James W. Goll)
이 프로젝트를 통해 나를 다듬고 지원하고 격려해 주었습니다.

웨슬리, 스태이시 캠벨(Wesley and Stacey Campbell)
위기의 순간에 나를 목양해 주었습니다.

돈 미람(Don Milam)
인내하며 지원해 주었습니다.

그레이스 그로워즈(Grace Growers)
철이 철을 단련하듯 나를 단련해 주었습니다.

| 목차 |

추천사 _짐 골(James W. Goll) … 8

들어가는 말 … 10

1장 혁명을 위한 부르심 … 23
2장 영적 경험들—그것들은 옳은가? … 37
3장 새 부대로 만들어지기 … 55
4장 영의 사람이 일어난다 … 69
5장 가장 중요한 연결고리 … 91
6장 셋째 하늘 체험들 … 113
7장 도우시는 성령님(인도자 성령님) … 131
8장 함정들과 활성화 … 149
9장 번개와 용들 … 169
10장 천상의 존재들 … 185
11장 혁명을 위임받다 … 203

| 추천사 |

개척자들은 길을 포장합니다! 개척자들은 대가를 지불합니다! 개척자들은 하나님의 마지막 움직임이 있는 시기에 멈추지 않으며 말합니다. "그것은 너무도 충분합니다. 그것은 모든 것이 있는 것입니다." 이러한 선구자들은 다른 사람들이 진리들과 이해로 그리고 침투자들이 이미 접한 경험들로 뛰어들 수 있게 하기 위해, 겉보기에는 미지의 곳으로 방향을 틀며 주된 흐름에 앞서 갑니다.

그것이 이 책 『그리스도인의 영적혁명』에 대한 모든 것입니다! 패트리샤 킹은 진정한 선구자로서 그녀는 그녀의 마음으로부터 "성령님은 실제입니다! 천국은 실제입니다! 예언은 실제입니다! 예수 그리스도 안에서 하나님께서 이 시기와 움직임 속에서 말씀하시는 것을 들읍시다."라고 말해왔습니다. 그렇습니다. 기독교 모습의 급작스럽고 빠른 변화가 우리 위에 있습니다. 혁명이 있을 것입니다—실로 영적인 혁명!

당신은 다른 믿는 이들이 하늘을 어떻게 이 땅 가운데 임하게 하는지 배우고, 예수 그리스도와 함께 하늘 왕궁에 앉혀진 그들의 권세와 지위를 알아가도록 돕고 싶습니까? 너무도 충만한 천국의 사고로써 이 땅에 선을 끼치길 원하십니까? 천사가 오르락내리락 했던 야곱의 사다리를 경험하고 싶습니까? 당신의 삶 위에, 가족 위에, 이웃 위에, 그리고 도시 위에 열린 하늘을 보길 원하십니까? 패트리샤 킹은 선견자(seer)의 영역이 단순히 소수의 기름부음 받은 선지자들에게만 가능한 것이 아님을 믿습니다—그녀는 당신도 역시 당신 스스로 이러한 "더한 하나님의 왕국"을 경험할 수 있다고 믿습니다!

당신의 마음을 천국이 무엇이라 말하는가에 맞추길 원하십니까? 그렇다면 계속해서 이 책을 읽으십시오! 당신은 말씀으로, 간증으로 그리고 경험으로부터도 다른 영역을 맛볼 수 있을 것입니다! 사실, 당신은 이미 일시적으로 존재하는 어둠의 능력보다 훨씬 높은 곳에 그리스도와 함께 앉아 있습니다. 더 알기 원하십니까? 그렇다면 삶의 예언적 여정에서 극적인 경험을 한 패트리샤 킹과 다른 선구자들이 놓은 길을 따라가십시오.

　단순히 또 다른 계몽적 책을 읽는 것에 그치지 마십시오. 책을 경험하고, 책이 되십시오! 모험을 계속해 나가고, 삶을 살며, 영적혁명을 섭취하십시오! 우리가 우리 사역에서 "그분의 임재를 경험하고 그분의 능력을 풀어내라!"고 말했던 것처럼.

　기도와 큰 기대감으로, 나는 당신에게 패트리샤 킹의 삶과 사역을 추천합니다. 영적혁명의 전진을 합시다!

짐 골(James W. Goll)
인카운터스 네트워크(Encounters Network)
『선견자』, 『꿈의 언어』, 『주의 임재에 사로잡히다』의 저자

| 들어가는 말 |

혁명이란?

혁명: 갑작스런, 또는 순간적인 상황의 변화

갑작스런, 또는 순간적인 변화? 이것은 의심의 여지없이 21세기 교회가 속한 오늘을 설명하는 매우 정확한 말이다. 모든 것이 빨리 변하고 있다. 아직도 당신의 영역에서 교회 환경이 변화되지 않고 있더라도 그렇게 될 것이다. 그리고 지금으로부터 교회의 10년은 지금 우리가 보는 것과는 완전히 다르게 보일 것이다.

영적혁명의 시기에 교회는 어떻게 나타날 것인가? 아무도 지금 당장 완전한 대답을 할 수는 없다. 그러나 한 가지 우리가 확신하는 것은 구름이 움직이고 있고 우리가 구름과 함께 움직이는 것이 가장 좋았다는 것이다. 주님께서 낮에는 구름기둥으로 밤에는 불기둥으로 이스라엘이 광야를 통과하도록 인도하셨던 것처럼 또한 우리를 인도하고 계신다. 비록 우리가 주님께서 혁명의 시기에 하시는 모든 것을 완전히 이해할 수는 없을지라도, 우리는 말씀에 근거하여 주님의 영의 인도하심을 따를 필요가 있다. 그리고 우리는 주님께서 우리를 약속의 땅에 인도하시리라는 것을 신뢰해야 한다.

우리는 모든 것을 기꺼이 제단 위에 내려놓아야 한다. 우리의 의견, 프로그램, 낡은 구조들을 포함해서. 우리는 혁명이 펼쳐질 때 열정과 헌신으로 기꺼이 주님을 따라가야 한다. 이 신흥혁명은 하나님의 선하심, 능력, 영광, 초자연적 표적, 기사, 그리고 기적을 풀어놓을 것이다. 혁명은 무능력한 교회를 하늘의 임재와 능력으로 가득 찬 주 임재의 광채 나는 몸으로 변화시킬 것이다. 혁명은 우리를 예수님께서 복음서에서 행하셨던, 그리고 사도들이 사도행전에서 행하였던 것과 같이 걷도록 부를 것이다. 혁명은 사람들을 하늘의 능력과 신의 성품으로 옷 입도록 부를 것이다. 얼마나 놀라운 날을 살고 있는가!

당신은 그것에 준비되었는가? 아마도 주님께서 행하실 것들은 많은 사람들에게 충격과 경외심을 줄 것이다. 과거의 역사적인 혁명의 움직임과 같이 거기에는 많은 저항과 심령을 강퍅케 함, 옛 길과 생각의 틀을 고수하려는 갈망들이 있을 것이다. 변화는 종종 우리로 하여금 굳어진 의견들을 다시 생각하고 우리의 편안한 삶의 방식의 괘도부터 빠져나오도록 하기 때문에 어렵다. 그러나 혁명을 저항하는 대신에 그것을 수용하고 단에 올라가 새로운 미답지로 예수님을 따라가는 자들이 있을 것이다. 하나님께서 다가오는 시기에 풀어주시는 것들은 이전에 전혀 보지 못한 것들이다. 그것들은 우리의 상상을 확장시키고 우리의 이성에 도전할 것이다.

혁명들은 보통 어떤 면에서는 혼란스럽다. 개인적으로 변화와 새로운 길들을 이해하는 데는 시간이 걸린다. 혁명은 충돌을 야기하고 충돌의 압력은 무엇이 진실하고 실제인지 시험하고 확증하게 될 것이다. 혁명은 불을 점화시킨다—열정의 불과 정화의 불. 오는 시기 동안에 예수님께 가까이 가고 그분의 조언과 지혜를 얻는 것이 중요할 것이다. 우리가 보는 것에 의해 반응하는 것이 아니라, 그분에게 나아가 통찰을 구하며 영에 응답하는 것이 중요할 것이다.

하나님의 길들은 우리가 그분이 하실 것이라고 상상할 수 있는 가능성을 넘어선다. 그리고 우리의 편안한 곳을 넘어서 확장될 때에 우리는 쉽게 신흥의 영적혁명을 두려워하고 우리가 과거에 배우고 경험한 것에 자신을 제한하려는 경향이 있다. 혁명의 시기 동안에 우리는 열린 마음을 유지하는 동시에 성경의 틀과 지침에 확고히 서야 한다. 우리는 항상 하나님의 성품과 본성을 지향해야 한다.

모든 새로운 탄생은 근면함을 요구한다. 선지자와 사도들이 종종 성취하는, 막을 뚫고 나가는 것뿐만 아니라 목사와 교사 사역이 제공하는 목양과 성숙의 과정이 필요하다. 또한 복음전도자들 역시 새로운 시기에 신선한 움직임의 복음을 선포하고 그리스도의 몸을 열정으로 불붙이기 위해서 근면함이 필요하다.

다가오는 영적혁명에서 전에 없었던 영적인 갈급함과 직면할 것이다. 당신은 하나님의 초자연적인 것과 원초적인 능력에 대한 갈망을 보게 될 것이다. 젊은이들은 특별히 삶의 깊은 의미를 찾게 될 것이다. 그들은 단지 예배에 참여하고 클럽에 가입하기 위해 교회를 찾는 것이 아니다. 그들은 종교적인 전통을 초월하는 영적 실제를 찾고 있다. 그들은 그들의 삶에 적용시킬 모델을 찾고 있다. 그들은 단지 설교된 말씀을 단순히 듣는 것에 지쳐 있다. 그들은 실제적 역사를 원한다. 바울은 이러한 원칙을 이해했다. 우리는 사도적 양식을 되찾아야 한다.

> 내 말과 내 전도함이 지혜의 권하는 말로 하지 아니하고 다만 성령의 나타남과 능력으로 하여(고전 2:4)

성령님을 가이드로, 성경을 다림줄로 삼으면 예수님께서 이러한 전환기를 거쳐 안전하게 넓은 장소로 인도하실 것이다. 변화를 준비하라. 혁명을 준비하라—영적인 혁명.

1장
혁명을 위한 부르심
A call for revolution

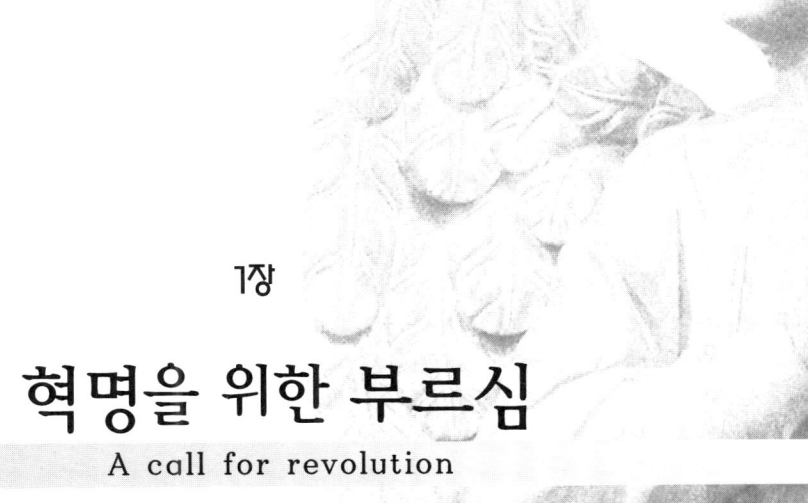

1장 · 혁명을 위한 부르심 | A call for revolution |

우리 프로그램 제작자인 셜리 로스는 그녀가 큰 어려움에 부딪히면 우리의 쇼들 중 하나에 쓰길 원하고 있던 한 인터뷰의 어떤 각주를 보고 있었다. "패트리샤, 이것 봐요!" 그녀는 경악하며 말했다. 사단주의자 출신의 여자가 자신이 과거에 주술적 삶에 연루되었던 가장 참혹한 경험의 상세한 부분들을 공개하고 있었다.

그녀의 이름은 레베카였다. 어린 시절에 사단적 주술을 하는 유모로부터 마술을 가르침 받았고, 네 살이 되기 전에 손대지 않고도 물체들을 움직이게 하는 것을 배웠다. 게다가 마녀 집회의 높은 집례자로부터 매일매일 폭행을 당했다. 그는 그녀를 기독교인들이 갖는 공동체 의식을 모방한 사단적 의식에 끌어들였고, 피, 오줌, 정액과 흑거미를 섞은 액체를 먹도록 매일 강요당했다고 그녀는 증언했다. 그녀는 불을 제어하고 거짓 표적과 기사들을 행하기 위해서 사단적 능력으로 행했다고 말했다. 심지어 그녀는 동물과 인간을 제물로 바치는 것에 대해서도 폭로했다. 그 각주는 내 안에 의분을 일으켰다.

적은 오늘날 속임과 해악으로 날뛰고 있고 많은 사람들이 그의 전략에 단단히 붙잡혀 있다. 누가 그를 막을 것인가? 그리고 누가 그의 악한 덫에 빠진 자들을 구해낼 것인가? 우리는 영적혁명이 필요하다.

나는 나의 남편 론과 함께 1980년대 아프리카에 갔던 개인적 여정을 떠올렸다. 그때에 우리는 주님께로 오기 전에 사단적 주술의 삶을 살았던 수많은 기독교인들을 만났다. 그들은 사단적 의식으로 어떻게 벽을 통과해 걷고, 영 안에서 다른 곳으로 이동하며 동물로 변했다 돌아오는지, 그리고 한 번에 수천의 영혼을 불러오는지에 대해 나눴다.

우리는 또한 극단적인 사단주의자들과 마녀들이 파괴 의식 동안에 저주를 뿌리는 기술을 어떻게 익히고 기독교인처럼 꾸며 어떻게 교회에 침투하는지, 그리고 그들 자신을 리더십의 범주에 속하게 하고 하나님의 목적을 방해하고 파괴하는 시도를 할 수 있는 위치를 어떻게 차지하는지에 대해 들었다.

이러한 종류의 시나리오는 나에게 낯설지 않았다. 미국 중부의 선교 지역에서 일해 오는 동안 우리는 사단적 의식과 그들의 계획을 우려했다. 한 마을의 잘 알려진 마녀는 3층 건물의 꼭대기로 떠올랐고 그녀는 기독 사역자들을 쇠약케 하는 저주를 뿌리려는 시도를 계속했다. 비록 대부분의 기독인들이 절대적인 보호 아래 걸어갔지만, 불행하게도 우리는 이러한 저주들이 땅에 임하고 몇몇 사람들에게 영향을 미치는 것을 보았다. 비록 우리는 어떠한 악마적 능력도 두려워하지 않지만, 우리는 진정 신중하게 그리스도 안에서 발견되는 보호의 덮개를 적용할 필요가 있다. 모든 하나님의 약속이 모든 믿는 자들에게 속해 있다. 그 약속들이 기독인들의 경험에서 실제가 되기 위해서는 믿는 자들이 반드시 믿음으로 말미암아 의지적으로 자신에게 적용을 해야 한다. 우리는 맹렬한 전투 중에 있고 완전한 보호의 갑옷을 입는 지혜로 행하도록 조심해야 한다.

우리가 사는 지금 이 시대에는 악마적 기술을 사용하는 데로의 전향이 편만해져 있고, 기독교인의 권세에 사단적 의식 안에서 영으로 명백하게 도전하는 개별적인 캠프들이 있다. 한 젊은 사람이 최근에 텔레비전 인터뷰에서 그녀가 사단적 주술에 있었을 때 그녀는 기독교인들이 약하고 힘없기 때문에 증오했었다고 고백했다.

이러한 악한 거짓 능력이 하나님의 사람들을 조롱하고 이 땅에 제지 없이 풀어지고 있다는 생각에 내 피는 끓어오른다. 내 영혼은 이러한 곡해에 속이 탄다. 교회가 풀려나기 위해 우리에게는 절망적으로 하나님의 강한 능력이 필요하다!

하나님은 조롱 받지 않으실 것이다

히브리 사람들의 역사를 통해, 우리는 성도들을 압제하는 사단적 힘이 나타나는 기간을 볼 수 있다. 슬프게도 이러한 경우들은 보통 이스라엘이 하나님의 뜻에 불순종한 기간과 연결되어 있다. 나는 특별히 모세의 세대 동안의 이스라엘을 생각해 본다. 하나님의 사람들이 영적으로, 경제적으로, 그리고 정치적으로 이집트인들에 의해 압제되어 있었다. 이집트는 우상과 마술로 가득했다—이집트 문화의 구조에 집약되어 있던 악한 힘들. 이집트인들은 억눌린 히브리인들이 마침내 그들의 노예 상태 가운데서 부르짖을 때까지 계속적으로 하나님의 사람들을 조롱하고 남용했다. 그리고 히브리인들의 부르짖음의 결과로 주님께서 그들에게 인도자를 주셨다.

그의 이름은 모세였다. 갓난아기였을 때 그의 삶은 기적적으로 죽음에서 건져졌고 바로의 가족으로 보내졌다. 모세는 그때 이집트 사람처럼 자라났고 그들의 종교와 정치적 문화에 영향을 받으며 자라났다. 명백하게 그는 그 당시에 이집트 사제들의 명령과 종교적 실행을 확립하는 연금술의 비밀과 친숙해졌을 것이다. 그리고 그는 이러한 이집트 사제들이 마술을 행하는 것을 보았을 것이다. 게다가 바로의 궁에서는 마법사와 마술사들이 그들의 영적 능력과 권세로 지도자들의 마음을 끌려는 일이 빈번했다. 정치적 지도자들은 많은 사람들을 두려워하게 하는 그들의 능력을 신뢰했다.

마침내 그의 진정한 정체성을 알아버린 후에 그는 이집트인을 살해했고 하나님께서 그를 불타는 떨기나무 사이에서 만나시기 전까지 광야로 피난해 있었다. 출애굽기 4장 1-9절에서 우리는 하나님께서 모세에게 모세의 이집트로의 귀환과 그의 백성들을 구하시려는 하나님의 계획을 말씀하시는 것을 볼 수 있다. 이 부분에서 모세는 이집트인이 자신의 말을 들을까에 대해 매우 의심스러워했기에, 하나님께서는 모세에게 그가 그의 백성들을 자유케 하는 데에 표적과 기사를 사용하실 것을 설명하시고 시범을 보이셨다.

하나님께서 모세에게 주신 첫 번째 명령은 모세의 지팡이를 땅에 던지라는 것이었다. 모세가 그렇게 했을 때 그것은 큰 뱀이 되었고 모세가 피한 것을 3절에서 볼 수 있다. 나는 이것이 모세가 자연적인 뱀을 무서워해서였다고는 생각지 않는다. 중동에서 양 떼의 목자로서 그는 통상적으로 뱀, 도마뱀, 그리고 사막 도마뱀을 봐왔을 것이고 그의 목자 지팡이로 그것들을 때려서 쫓아냈을 것이다. 그래서 나는 그 대신에 모세가 그가 과거에 관여했던 마술의 마술적인 것을 두려워했다고 믿는다. 지팡이를 뱀으로 만드는 것은 그가 아마도 바로의 궁에서 마술사들이 그들의 즉각적인 마술의 능력으로 행하는 것을 보아왔을 것이다. 그리고 이제는 그가 자라면서 보았던 것과 비슷한 기적을 만드시는 하나님의 거룩한 능력을 보고 있는 것이었다. 그는 마술을 두려워했고 따라서 현대 많은 기독인들이 그러한 것처럼 그의 앞에 벌어지고 있는 일에 혼란스럽고 놀라게 됐다.

마술 혹은 하나님의 초자연적 능력?

하나님께서는 그때 모세에게 큰 뱀의 꼬리를 잡으라고 하셨다—뱀을 집는데 있어 가장 위험한 방법이다. 그러나 모세는 하나님께 순종했고 즉각적으로 뱀은 지팡이로 다시 변했다. 이 기적을 통해서 하나님께서는 모세에게 이 수준이 하나님의 백성을 두렵게 하고 위협하여 조종하는 마술사를 대항해서 일어나는 것임을 시범으로 보이셨다. 기적은 표적이었다—하나님께서 그의 백성들을 구원하시겠다는 초자연적 표적.

주님께서는 이어서 모세에게 지시하셨다. "여호와께서 또 그에게 이르시되 네 손을 품에 넣으라 하시매 그가 손을 품에 넣었다가 내어보니 그의 손에 나병이 생겨 눈 같이 된지라 이르시되 네 손을 다시 품에 넣으라 하시매 그가 다시 손을 품에 넣었다가 내어보니 그의 손이 본래의 살로 되돌아왔더라"(출 4:6-7).

주님께서 모세에게 말씀하신 세 번째 표적과 기사는 나일강 물을 떠서 땅에 붓는 것에 연관되어 있었다. 그것은 바로 피로 변했다(출 4:9 참조). 다시 한 번 이는 모세에게 이상한 일이 아니었다. 그는 마술사들이 많은 이상하고 능력 있는 일들을 하는 것을 보아왔다. 그러나 그에게 이상했던 것은 불타는 떨기나무에서 지금 막 만난 거룩하신 하나님, 자신을 스스로 있는 자라고 정의하신 하나님(출 3:14)의 능력으로 그 자신이 이러한 기적들을 실제적으로 행하고 있다는 것이었다.

근원이 관건이다

한 일이 하나님으로부터 왔는가 아닌가를 분별하는 데 있어서, 당신은 반드시 그것이 하나님의 말씀과 일치하는지 참된 근원을 드러내는 노력 하에 하나님의 성품과 일치하는지를 살펴봐야 한다. 나는 최근에 한 기독교 청년이 하나님으로부터 멀어져 방황하고 수많은 마술적 관행에 가담한 것을 알게 되었다. 그는 마술적 힘을 사용하여 그가 원하는 어떤 여자든지 순간적으로 그와 함께 침실로 데려갈 수 있었다고 나에게 말했다. 그는 "내가 한 모든 것은 마인드컨트롤을 훈련하는 것뿐이었어요."라고 말했다. 이 행위의 정당성을 시험하는 것은 쉬운 일이다. 이는 하나님의 말씀, 길, 성품과 완전 반대되는 것이다. 그래서 이 일은 즉시 구분되고 제거되었다.

마술사가 행하는 표적이나 기적과 하나님의 진정한 기적 사이에 있는 한 가지 차이점은 그 능력의 근원이다. 심령술사와 하나님의 진정한 선지자 사이의 차이점은 그 근원이다. 다른 말로 하면 그들은 그들의 영감을 어디로부터 받는가 하는 것이다. 모세는 순수한 표적들과 기적들을 행하도록 하나님께 부름 받았다. 비록 이집트 마술사들이 하는 것과 기적의 종류가 비슷했지만 거기엔 중요한 차이점이 있었다—바로 그 근원이다. 하나님의 백성들이 악마적 힘을 행사하는 자들에 의해 압제 당하고 조종당하고 협박당하는 동안, 하나님께서는 그의 백성들을 포로로 잡고 있는 악마적 힘에 반하여 그의 선택한 종 모세를 통해 그의 능력을 시범 보이시고 계셨다.

짐 골(James W. Goll)은 그의 책 『선견자』에서 영적혁명과 경험의 근원을 분별하는 것에 대한 실질적인 도움을 제공해준다.

성경은 영적혁명이나 소통이 세 가지 근원 중의 하나로부터 온다고 말한다. 성령님, 인간의 영혼, 그리고 악한 영의 영역. 이 부분에서 분별이 필요함은 명백한 사실이다.[1]

성령님은 계시의 유일한 참된 근원이시다(벧후 1:21을 보라). 구약의 선지자들과 신약의 증인들을 움직이는 것은 성령님이셨다. "움직이다(moved)"의 헬라어는 페로(phero)인데, 그 뜻은 "따라 이동하다" 혹은 "바람을 따라 이끌리다"이다.

인간의 영혼은 우리의 성화되지 않은 감정의 영역으로부터 생각, 사고, 그리고 영감을 뿜어낼 수 있다(겔 13:1-6; 렘 23:16을 보라). 이러한 인간의 영감은 하나님으로부터 온 것이 아니다. 그것들은 선지자 에스겔이 "그들 자신의 마음에서 나오는 대로…자기 자신의 영을 따르고 아무것도 보지 못하는 어리석은 선지자들에게 화가 있도다"(겔 13:2-3 KJV)할 때 말한 예언들이다.

악한 영들은 그들의 주인과 두 가지 성품적 공통점을 가지고 교묘하게 일한다. 그들은 "광명의 천사들"(혹은 "좋은 소리들")로 나타날 수 있으며, 그들은 거짓말의 대왕이자 거짓의 아비인 사단을 섬기기 때문에 항상 거짓말을 한다. 사단은 잘 속아 넘어가는 자들을 미혹하기 위해 충분한 "진실" 또는 사실적 진술을 그의 거짓과 섞기 때문에, 악한 영들로부터 전해지는 메시지들은 종종 하나님의 역사에 무지하거나 분별에 미숙한 사람들에게 특별히 위험하다. 한번 그것을 죽음의 덫 가운데 조심스럽게 올려놓은 맛있어 보이는 미끼로 생각해보라. 사도행전 16장 16-18절은 점술의 영을 가진 노예 소녀가 제자들에 대해 진실을 말하는 것에 대해 말하는데, 그것은 사단적 근원으로부터 온 것이었다. 사도 바울이 듣다가 결국 짜증이 났고 그는 그녀로부터 점술의 영이 떠나갈 것을 명령했다.

많은 경우에 기독인들은 악마적인 일과 기독교적 일 간의 차이가 단순히 종류나 유형의 차이에 있는 것으로 생각한다. 예를 들어, 만약 뉴에이지 사람들이 현혹하는 능력으로 "순간이동"(어떤 사람을 한 장소에서 다른 장소로 옮기는 능력; 몸 밖으로 나가 또 다른 지역을 여행하는 것)을 쓴다면 많은 사람들은 이러한 영적 이동이라는 유형 자체를 악마적이라 확신한다. 그러므로 기독인으로서 우리는 이러한 악마적인 활동에 절대 관여해서는 안 된다 한다.

그런데 이러한 생각은 성경이 우리에게 에스겔, 엘리야, 빌립, 그리고 요한과 같은 하나님의 사람들이 영계에서 성령께서 이끄신, 비슷하지만 매우 다른 영적 이동의 다양한 단계의 경험을 한 것을 보여주고 있다는 문제에 부딪힌다. 요점은, 사실 활동의 유형이 아니라 활동의 근원이 가장 큰 증거라는 것이다. 활동을 시작하시고 이끄시는 것이 그리스도의 영이신가, 악마적 영인가, 혹은 속된 영혼인가? 모든 하나님의 일들은 순전하고, 거룩하고, 의롭고, 그분의 열매를 맺는다(갈 5:22를 보라). 이것이 진정한 근원이다.

하나님의 사람들을 통한 능력 대결

능력 대결은 성경에서 특이한 것이 아니다. 예를 들어, 우리는 열왕기상 18장에서 엘리야가 갈멜산 위에서 바알의 선지자들에게 대결을 청한 이야기를 발견한다. 하나님의 사람들 중 많은 이들이 이세벨과 거짓 선지자들에게 협박당하면서 그들의 믿음을 타협하고 바알과 같은 음행한 신들을 숭배하며 아합과 이세벨을 따르고 있었다. 엘리야는 이러한 위협의 중간에 일어나 바알의 선지자들에게 그들의 "능력의 근원"에 청해 동일한 기적을 일으켜 보라고 능력 대결을 제안한다.

그들은 이러한 유형의 영적 행사를 전에 보아왔기 때문에 확신을 갖고 대결에 뛰어든다. 그러나 이번에는 달랐다. 엘리야가 간격을 두고 서서 악마적 능력이 작용하는 것을 막았다. 거짓 선지자들은 허를 찔렸다. 한 남자가 참된 능력의 근원, 참되고 사신 하나님, 모든 것의 창조주, 모든 권세와 능력을 가지신 유일한 분, 모든 것 위에 뛰어나신 분을 증거하며 있었다. 다시 말해, 우리는 성경 역사에서 하나님의 능력이 적의 능력을 쓸어버리는 것을 발견한다.

신약에서, 우리는 바울이 1차 전도여행 동안에 마술사 엘루마를 통한 영적 반대에 직면하는 것을 본다(행 13:8을 보라). 성경에서 우리는 엘루마가 바보 지역 총독의 모사로서 어떻게 바울을 압박했는지 정확히 알 수는 없지만, 마술사들이 기독인들의 전도를 방해하려는 시도로 악마적 저주의 능력을 사용하는 것은 드문 일이 아니었다. 저주가 풀릴 때에는 기독 사역자들이 종종 안 보이는 영역에서 큰 저항감과 중압감을 느낀다. 이것은 때때로 매우 낙심하게 하여 사역자들로 뒤로 물러가 움츠리게 만든다. 그러나 바울은 믿음으로 서서 진정한 왕국 권세와 하나님의 능력을 행사하여 저주를 되돌려 버렸다.

성령 충만함을 입은 바울은 문제를 주목하고 엘루마로 한 시기 동안 장님이 될 것을 선포하였다. 즉시로 마술사에게 안개와 어둠이 덮였고, 그 결과로 총독이 예수님을 알기 위해 나왔다(행 13:11-12를 보라).

이것은 사술적 힘에 대한 능력 대결이었다. 이 대결의 궁극적인 마무리는 예수 그리스도께서 실제적으로 모든 능력과 권세를 가지신 분으로 영광을 받는 것이었다. 바울이 진정한 왕국 권세를 수행하고 그리스도의 능력을 증거하기 위해 일어나지 않았다면 악마적 능력이 제한 없이 널리 퍼졌을 것이다. 이처럼 교회는 진정한 왕국 능력과 권세를 행사하는 자리에서 물러나면 안 된다.

오늘날 많은 신자들이 마술사들이 행하는 유사한 거짓 행동을 들어왔기 때문에 성령님께서 채우시고 이끄시는 초자연적인 경험의 가능성으로부터 뒤로 물러나 움츠린다. 예를 들어, 우리의 복음주의적 형제들의 많은 수가 오늘날에 교회에서 나타나는 방언의 은사가 악마적 영향에 의한 것이라고 오해한다. 그러나 우리가 어떤 영적 현상에 대해 이해하지 못하다는 것이 그것이 악마적이라는 것을 의미하는 것은 아니다. 불행하게도 우리는 종종 너무도 빨리 우리가 이해할 수 없는 것에 대해 정죄한다.

하나님께서는 스스로 그분의 백성들에게 초자연적인 방법으로 드러내실 것이다. 그런데 누군가 그러한 설명할 수 없는 것들을 들을 때 그들은 혼동에 빠지고 단지 그것들과 비슷한 일들이 뉴에이지와 사술에서 실행되는 것을 들었었다는 이유만으로, 그들은 그 경험을 악마적이라고 판단하게 될 것이다. 절대 악마는 모조자이고 하나님의 일들과 활동들을 모방하려 시도할 것이라는 것을 잊지 말라. 우리는 항상 대적은 거짓된 존재이고, 그의 손의 재주와 초자연적 고방은 단순히 순간적인 번쩍

임과 속임수임을 기억해야 한다.

거짓과 진실 간의 차이는 활동 자체에서 발견되는 것이 아니라 근원, 동기, 그리고 인격에서 발견되는 것이다. 사단은 그 안에 타락이 발견되어 하나님에 의해 하늘로부터 쫓겨나 떨어진 천사이다. "네가 지음을 받던 날로부터 네 모든 길에 완전하더니 마침내 네게서 불의가 드러났도다"(겔 28:15). "너 아침의 아들 계명성이여 어찌 그리 하늘에서 떨어졌으며 너 열국을 엎은 자여 어찌 그리 땅에 찍혔는고"(사 14:12).

악마적 일들의 근원은 그와 같이 부패한 악이다. 성경은 우리에게 어떠한 경우에도 그나 그의 지시를 따르지 말라고 가르친다. 예수님께서 사단은 죽이고 빼앗고 멸망시키러 온다고 말씀하셨던 것을 기억하라. 사단의 동기는 속이고 파괴하는 것이다. 계시하고 치유하시려는 아버지의 동기와 전혀 다르다.

대적은 항상 진실을 왜곡하려 시도한다. 언제나 그래왔다. 그는 이 땅에서 능력과 지위를 차지하려는 정욕에 차 있다. 한편 교회는 군중들이 차이를 분별할 수 있을 것이고 결과적으로 옳은 선택을 할 것이기 때문에 진실을 드러내고 시범 보이려 하고 있다. 짐 골(James W. Goll)은 계시나 경험의 근원과 그것의 정확성과 타당성을 분별할 수 있도록 9가지 질문을 제공한다.

1. 계시가 권면하고 안위하고 위로하는가?
2. 하나님의 말씀과 일치하는가?
3. 예수 그리스도를 높이는가?
4. 선한 열매를 맺는가?
5. 미래의 일을 예언했다면, 성취되는가?
6. 예언적 예견이 사람들을 하나님(예수 그리스도)께로 이끄는가, 아니면 멀어

지게 하는가?
7. 자유를 주는가, 묶임을 주는가?
8. 생명을 주는가, 죽음을 주는가?
9. 성령님께서 사실이라고 증언하시는가?[2]

내가 어린 아이였을 때 우리 집은 진짜 버터를 살 형평이 안 되었기에 나의 어머니는 값싼 마가린으로 나를 먹이셨다. 나는 항상 마가린을 먹었기 때문에 내가 진짜를 접하기 전까지는 마가린과 진짜 버터 사이의 차이를 알지 못했다. 오, 나는 정말로 처음 먹은 진짜 버터 맛을 기억한다. 너무 좋고, 풍부하고, 너무나 달았다. 내가 마가린으로 돌아왔을 때 나는 버터를 갈망했다. 버터는 우유 크림으로부터 직접 만들어진 진짜인 반면에, 마가린은 식물성 기름과 우유 향으로 만들어진, 값싼 대체품이다.

내가 생각하기에 그 둘은 경쟁이 되지 않는다. 버터가 쉽게 이긴다. 마찬가지로 세상이 거짓된 힘만 안다면, 그들은 하나님을 근원으로 삼는 진정한 영적 힘을 알지 못하는 것이다. 그러나 그들이 더 높고 진정한 힘을 경험할 때, 그것은 경쟁거리가 되지 못한다. 비교할 수가 없다!

우리가 진정한 하나님의 힘을 실행하지 않을 때, 대적은 유리한 위치를 선점하고 교회에 의해 버려진 자리를 차지하게 된다. 우리는 이 자리를 반드시 되찾아야 한다. 모세의 시대에 하나님의 언약 백성들은 하나님께서 주신, 여호와를 따르게 하는 그들의 권한을 지키지 않음으로 그들의 대적에게 압제 당하고 있었다. 그들은 꼬리가 되지 아니하고 머리가, 밑이 아닌 위가 되도록 부름 받았으나, 그들은 그들 자신이 누구인지 잊고 있었다. 그들은 하나님께 불순종하여 궁극적으로 압제자에 의해 지배당하게 되었다. 이후 하나님께서 이스라엘 민족을 회복하시는 때가 왔다. 바로로 하여금 하나님의 백성을 놓도록 하는 때가 왔다. 능력 대결의 시기가 된 것이었다!

모세와 아론이 바로의 궁으로 갔을 때 아론이 모세의 지팡이를 바닥에 던졌고 지팡이는 뱀이 되었다. 그러자 "바로도 현인들과 마술사들을 부르매 그 애굽 요술사들도 그들의 요술로 그와 같이 행하되 각 사람이 지팡이를 던지매 뱀이 되었으나 아론의 지팡이가 그들의 지팡이를 삼"(출 7:11-12)켰다.

이것은, 대적의 거짓된 힘과 권세를 집어삼키기 위해서는 우리가 진정한 왕국의 힘과 권세를 수행할 필요가 있음을 가르쳐 주는 명백한 예다. 모세와 아론은 그들의 시대에 마술사들이 통상적으로 하던 것과 똑같은 역사를 행하고 있었다. 모세의 때까지, 수년간 그 땅에서 이러한 악마적 활동을 하는 것이 제한 없이 허락되어 왔었고 아무도 이러한 능력에 대항하여 일어서지 않았었다. 아무런 도전도 없었던 것이다. 그러나 이제 하나님께서 모세에게 악마적인 견고한 진에 사로잡힌 국가에 궁극적인 자유를 가져다줄 진정한 힘과 권세를 펼쳐 보일 것을 지시하고 계셨다. 초자연적 기적, 표적, 그리고 이사가 모세에 의해서, 단순히 악마적으로 영감된 활동에 대항해서 뿐만 아니라 히브리인들을 그들의 하나님께로 되돌리도록 주의를 집중하기 위해서 풀려지고 있었다. 모세를 통해 주님의 영으로 수행된 초자연적 활동은 궁극적으로 이집트인들에게 히브리인들의 하나님이 모든 것 위에 실제 하나님이 되시며, 그들의 거짓 믿음이 이러한 경이로우신 하나님과 맞지 않다는 것을 깨닫고 두려움에 떨도록 하였다.

빌 존슨(Bill Jonhson)이 그의 책 『하늘이 땅을 침노할 때』에서 나눈 것처럼, 기대감은 사람들이 하나님의 능력을 방출할 때 증가된다. "하나님에 대한 간증은 하나님의 역사에 대한 더 큰 갈망을 불러일으킨다. 기대감은 사람들이 하나님의 초자연적 성품과 언약을 마음에 새기는 사람 누구에게서나 자라난다. 기대감이 자라면 기적은 증가한다. 기적이 증가할 때 간증들도 증가한다. 당신은 그 순환을 볼 수 있다. 하나님에 대한 간증을 나누는 단순한 행동은 다른 사람들로 하여금 그들이 그들의 삶에서 하나님의 역사하심을 기대하고 볼 수 있도록 분발시킬 수 있다."3

주님께서는 오늘날 우리 땅에서 대적의 거짓 활동에 대항하여 하나님의 백성들이 우리 하나님의 참된 능력을 시현하게 하심으로 기준을 세우고 계신다. 우리는 오늘날 교회가 놀라운 대결의 권세와 능력으로 일어서는 것을 지금 막 보고 있다. 이집트 가운데서 모세가 했던 것처럼, 바알의 선지자들 가운데서 엘리야가 했던 것처럼, 바벨론 가운데서 다니엘이 했던 것처럼, 종교의 견고한 진 가운데서 예수님께서 하셨던 것처럼, 그리고 박해 가운데서 바울이 했던 것처럼, 주님께서 오늘날 아프고 억눌린 자들을 치유하고 귀신을 쫓아내며 세상의 주의를 끄는 참된 이사와 표적을 행사하도록 그분의 백성들을 일으키고 계신다. 이러한 참된 이사와 표적들은 거짓된 악마적 흐름에 대항하여 일으켜지는 기준이 될 것이다. 우리는 거짓을 드러내고 멸하기 위해서는 진리 가운데 걸어가야만 한다.

모세와 같이, 우리는 대적의 힘을 집어 삼키는 하나님의 능력을 볼 것이다. 엘리야와 같이, 우리는 거짓 선지자들이 참되고 살아계신 하나님께 무릎 꿇으며 "여호와 그는 하나님이시로다. 여호와 그는 하나님이시로다."라고 고백하는 것을 보게 될 것이다.

교회교인가 아니면 왕국인가?

디모데후서 3장 5절에서 바울은 마지막 때에 "경건의 모양은 있으나 경건의 능력은 부인"하는 자들에 대한 경고를 하고 있다. 우리는 오늘날 이러한 상황의 위험에 처해 있지 않은가? 서구 교회에서 진행되는 대부분의 예배는 매우 형식적이다. 우리는 모인다. 대게 주일 아침에, 그리고 문을 들어서며 보통 "환영팀"에 의해 환영을 받는다. 빌딩에 들어서면 사람들과 얘기하다가 교회 성전이나 강당에 자리를 잡고 앉는다. 리더가 모임을 개시하면 찬양과 경배가 시작된다. 40분에서 한 시간쯤 지나면 노래는 멈추고 안내와 헌금 순서를 갖는다. 설교는 보통 목사에 의해 진행되고 예배가 마칠 때에는 기도 받기 원하는 사람들에 대한 초청이 있다. 해산이 되면 사람들은 신속히 빌딩을 나가 그들의 일요일 치킨 저녁식사를 즐긴다.

나는 이러한 교회의 진행 형식이 꼭 잘못되었다고 말하고 있는 것이 아니다. 그리고 나는 분명히 경배와 훈련, 교제와 봉사를 위해 신자들이 함께 모이는 것을 폐해야 한다고 믿지 않는다. 내가 말하는 것은 이러한 것들이 그 자체로 왕국의 충만함은 아니라는 것이다. 고린도전서 2장 4절에서 우리는 바울이 우리의 믿음을 말로만이 아니라 능력에 근거하게 하기 위해, 하나님의 왕국은 지혜의 권하는 말로 되는 것이 아니라 성령의 나타나심과 하나님의 능력으로 이루어진다고 말하고 있는 것을 본다.

대부분의 경우에 우리는 능력 없는 교회를 전적으로 편하게 느낀다. 우리는 초자연적인 것을 부정하는 이성적이고 학구적인 지도에 만족한다. 그러나 우리는 어디서 이런 모델을 찾을 수 있는가? 성경 어디에 그것이 있는가?

너무도 자주 우리는 초자연적인 것을 부정하고 종교적 활동과 구조에 정착한다. 그러나 우리는 능력의 하나님으로서 우리 하나님을 알아야 한다. 왜냐하면 그분이 정말 그러하시기 때문이다! 예수님께서는 단지 왕국에 대해서 가르치시러 오신 게 아니라 예수님 자신이 그 왕이시고 하늘과 땅의 모든 권세를 가지신 분으로서 왕국을 시현하러 오셨다. 우리는 충만하게 그의 왕국을 이해하고 진실로 초자연적 영역에서 그분의 백성으로 걸어가야 한다.

새로운 영적 시대

오늘날의 대중은 점점 더 초자연적인 것에 끌리고 갈급해하고 있다. 우리 사회에서의 물질주의, 경력과 교육에 대한 강조는 대게의 영역에서 공허함을 남겨 주었고, 사람들은 삶의 목적을 찾아 헤매게 되었다. 오늘날 청년들은 일반적으로 미래에 대해 두려워하며 여전히 뭔가 의미 있는 것을 하고자 갈망하고 있다. 그들은 종종 그들 주변의 진동을 접하며 무능력함을 느끼고 있다.

결과적으로 점점 더 많은 수의 사람들이 그들의 안정에 희망을 줄 다양한 것들로 눈을 돌리고 있다. 몇몇은 힘을 얻는 느낌을 갖거나 그들의 평화를 침범하는 모든 압력으로부터 환각적 쉼을 경험하려는 시도로 마약을 한다. 이제 선택의 혼돈 가운데 이뤄진 마약은 이 세대의 많은 이들을 깨어지고 환각 상태로, 소망 없는 곳으로 내몰고 있다.

다른 사람들은 성적 만족으로 그들의 행복을 찾으려 하고 있다. 성적 혼음, 오용, 성적 적응에서의 혼동이 이 시대에 굉장히 크게 증가하고 있는데, 이는 부분적으로 사람들이 깊고 의미 있는 관계를 갈망한다는 사실에 기인하기도 한다. 그러나 현실적으로는 이러한 목표 대신에 파선하고 상처 입고 교란된 채로 남겨지게 된다.

이 세대는 그들이 그것을 위해 살 수도 있고 죽을 수도 있는 뭔가를 찾고 있다. 그러나 교육, 가정, 경력, 물질적 안정, 성적 만족, 교회 생활, 그리고 마약을 통한 현실 도피, 이런 것들은 모두 대부분의 공허한 심령 깊은 속에 있는 울부짖음에 만족을 주지 못한다. 정치가들은 국가적, 세계적 안정을 주는 데 실패했다. 군사력은 견고치 못하다. 경제 시스템은 불안정하고 심지어 땅도 지진의 여파와 자연재해로 정기적으로 진동하고 있다. 결론적으로 우리는 영적 굶주림과 각성으로 증가하는 응급상황을 보고 있다.

교회가 지향하는 정신은 이러한 영적으로 절망적이도록 굶주린 이들의 시선을 끌지 못해 왔다. 왜 그랬을까? 그들이 단지 모임에 참석하기 원하는 거였다면 모든 공동체마다 그들이 참석할 좋은 취지의 기관들이 많은데 말이다.

어디서나 사람들은 능력에 목마르고 그 까닭에 초자연적인 것으로 돌아서며, 대중들이 그들 자신보다 큰 힘을 찾기 시작하면서 영적 사교들이 급격히 증가하고 있다. UN에서 한 사람이 새 천년을 맞이하며 이 세기의 가장 큰 상품은 사람의 영성에 관한 것이 되리라 예견했었다. 새 천년의 초입에서 가장 유명한 베스트셀러 책은 젊은 마술사에 대한 시리즈인 '해리포터'가 되었다. 서점들에 책이 진열되자마자 재고를 찾아볼 수 없었다. 사람들은 안 보이는, 영적인 힘의 방출에 대한 갈급함을 갖고 있는 것이다.

사람은 영적 존재이고 마음 깊은 곳에서는 그를 넘어서는, 그가 부분적으로 속한 한 영역, 실재, 그리고 차원이 있다고 이해한다. 불행하게도 21세기의 종교와 말라붙고 생기 없는 이론들은 오늘날 이성주의를 훌쩍 넘어서는 영성을 찾는 현대인들에게 거의 아무것도 공급해주지 못한다.

이 전환의 표적들이 곳곳에 있다.

결과적으로, 우리는 전환의 시기에 진입했다. 이 전환의 표적들은 곳곳에 있다. 그리고 기독인들은 반드시 그것들을 인식해야 한다. 영화들, 텔레비전 프로그램들, 책들, 그리고 다른 미디어 영역도 초자연적인 것으로 가득 차 있다. 텔레비전에서 매일 심령술사, 마술사, 점술사, 유령, 영체, 또는 초자연적인 능력을 행사하는 누군가를 보는 것이 특이한 일이 아니다.

게다가 음악 산업은 영적 세계의 소리를 조장하고 있다. 뉴에이지 교리는 교육 시스템, 의학 전문직, 정치 영역, 법률 집행 시스템과 비즈니스 세계에 소리 없이 스며들고 있다. 영적 슈퍼히어로들이 다양한 미디어들을 통해 문제를 해결해주고 고통을 해소해줄 구원자인 양 소개되고 있다. 어린이들의 텔레비전 프로그램들, 만화들, 그리고 게임들 또한 종종 본질적으로 초자연적이다.

그러면 이러한 거짓이 판치는 때에 교회는 어디 있는가? 하나님의 백성들 안에, 백성들을 통한 하나님의 능력의 시현은 어디 있는가? 서구 교회에서는 굶주린 기독인들의 남은 작은 무리들 중에서도 바깥의 극소수 사람들만이 오늘날 믿는 이들을 통하여 하나님의 능력이 나타나는 것에 대한 성경 말씀을 가르치는 것을 실제로 고수하고 있다. 그리고 이보다 더 슬픈 현실은 오늘날 하나님의 능력이 실재하는 것을 믿는 이들 가운데도 극히 적은 사람들만이 실제로 참여하여 그것을 실행하고 있다는 것이다!

어떻게 살아계신 하나님의 교회인 우리가 뒤에 앉아서 대적이 거짓 표적, 이사와 기적으로 현혹하는 것을 가만히 바라보고만 있을 수 있는가? 어떻게 우리는 역사상 그토록 중요한 시기에 능력 없이 자기만족에 빠져 있을 수 있는가? 지금은 그의 영광의 충만과 왕국의 참된 의의 능력 안에서 일어날 때이다. 지금은 영적혁명으로 진입해야 하는 때이다.

오, 기독인들은 사단추종자들이 악마적 권세를 찾는 것의 반만이라도 하나님의 임재와 능력을 찾기 위해 근면해야 할 것이다. 모세의 때처럼 오늘날 거짓 가운데서 기준을 세우고 진리를 나타낼 믿는 이들이 어디 있는가?

이 중요한 시간에 우리가 주님의 얼굴을 구하며 안 보이는 왕국에 대한 성경적 가르침에 친숙해지는데 우리 자신을 다시 한 번 헌신하는 것이 필수적이다. 성령님께서 우리가 이때까지 어쩌면 편하게 여기지 않아왔던 하늘의, 그리고 영적인 관점으로 우리를 이끄시도록 자신을 내어드리는 게 필수적이다. 이러한 통찰 중 일부는 즉각적으로 믿는 이들의 심령에 씨름과 저항을 불러일으킬 것이다. 그러므로 우리는 인식하는 것을 배우는 게 필요하다. 요한복음 3장 12절에서 예수님은 유대인의 지도자인 니고데모에게 "내가 땅의 일을 말하여도 너희가 믿지 아니하거든 하물며 하늘의 일을 말하면 어떻게 믿겠느냐?"고 말씀하셨다.

우리는 우리가 성경에서 읽었던 것과 같은 영적 체험을 한, 믿는 이들에 대한 간증들이 수없이 증가하는 것을 듣게 될 것이다. 예수님의 현현, 천사의 방문, 영계에서의 여행, 보좌 방문 경험, 꿈, 환상, 입신, 벽을 통과해 걷는 것, 기적, 표적, 이사, 그리고 영적 현상들이 즉각적으로 점점 더 일어나는 것을 보게 될 것이다. 오늘날 교회에 소개될 영적 통찰들은 이 시대에 이르기까지는 "하나님께서 자기를 사랑하는 자들을 위하여 예비하신 것들은 눈으로 보지도 못하였고 귀로 듣지도 못하였으며 인간의 마음속에 들어온 적도 없느니라"(고전 2:9 흠정역)한 말씀과 같았던 것들이다.

바울은 이어 10절에서 주님께서 이러한 것들을 그분의 영으로 우리에게 계시해 주실 것이라고 말한다. 요한복음 16장 12-13절에서 예수님께서는 그분의 제자들에게 "내가 아직도 너희에게 이를 것이 많으나 지금은 너희가 감당하지 못하리라 그러나 진리의 성령이 오시면 그가 너희를 모든 진리 가운데로 인도하시리니 그가 스스로 말하지 않고 오직 들은 것을 말하며 장래 일을 너희에게 알리시리라"고 하셨다.

그러기 위해서는 교회인 우리가 우리의 마음과 삶을 다해 하나님을 알고, 사랑하고, 높이는 것에 집중하는 것이 필수적이다. 또한 우리가 성령님을 존중하고 성령님께 순복하는 것, 부지런히 하나님의 말씀을 공부하는 것, 그리스도 안에서 바른 정체성을 찾는 것, 그리고 영적 민감성과 왕국의 실제에 대한 자각의 시대로 길을 이끄는 것은 필수적이다. 다시 한 번 말하지만, 우리가 참된 것과 친숙해지지 않고서 어떻게 거짓된 것을 분별하는 것을 배울 수 있겠는가? 만약 구원받지 못한 사람들이 거짓된 것만 안다면 어떻게 진리를 수용할 수 있겠는가?

한 구세주, 한 주님, 그리고 한 영광되고 영원하신 왕

한 구세주, 한 주님, 그리고 한 영광되고 영원한 왕만이 계시다―바로 예수 그리스도만이 합당하시다! 그분의 길은 불가사의하다. 그분의 영광은 광대하다. 그분의 능력은 비길 데 없다. 그분의 사랑은 실패함이 없다. 그분의 지혜는 이성을 초월한다. 오, 우리는 참으로 얼마나 놀라우신 하나님을 섬기는가!

이 책을 쓰는 나의 열정은 하나님과의 만남, 예수님과의 깊은 친밀함, 그분의 영광과 능력 하에 참된 왕국의 경험을 하는 영역에서 성경이 제공하는 모든 것에 대한 갈망을 믿는 이들에게 불러일으키는 것이다. 참된 영적 경험과 높은 영적 민감성이 이때에 믿는 이들을 기다리고 있다. 우리는 아마도 표적과 기사, 삼층천, 보좌, 천국, 천사, 보좌 주위의 생물들, 구름 같은 허다한 증인들, 무지개, 영광의 구름, 천국의 색깔들과 보석, 영의 이동, 꿈, 환상, 천국의 향기, 기적, 천국의 언어, 신적 치유, 나병 환자의 깨끗케 됨, 죽음에서의 부활, 그리고 귀신을 쫓아내는 것-왕국의 일반적인 모든 재료들-에 대한 성경적 용어와 개념에는 익숙해져 왔는지 모른다. 주님께서는 우리가 아마도 아직 상상도 못하고 꿈꾸어 본적도 없는 것들을 우리의 영안을 열어 보게 하시고 우리의 귀를 열어 듣고, 이해할 수 있도록 하시길 원하신다. 그분의 왕국은 거대하고 광대하며 능력과 권세와 모든 좋은 것들로 충만하다. 그분은 우리가 이 왕국을 그분과 함께 탐험하고 경험하길 원하신다.

하늘의 관점으로 살기

우리에게는 궁극적으로 이 마지막 시대에 하늘의 관점으로 사는 것이 필요하다. 이 땅에서는 소란과 배신이 있을지라도 영광스러운 교회인 우리들은 그리스도가 없는 자들과는 다른 관점으로 우리의 삶을 살아갈 것이다. 우리는 하늘의, 신성한, 그리고 초자연적인 것에 초점을 맞추고 살아가는 사람들이 될 것이다. 우리는 그분의 왕국 권세와 능력을 시현하는 사람들이 될 것이다. 우리는 우리의 애정을 그분에게 고정시킬 것이다! 그분은 우리의 경배와 신뢰를 드릴 유일한 분이시다. "그러므로 너희가 그리스도와 함께 다시 살리심을 받았으면 위의 것을 찾으라 거기는 그리스도께서 하나님 우편에 앉아 계시느니라"(골 3:1). 예수 그리스도는 참된 능력과 권세의 원천이시다. 그분은 모든 정사, 능력, 그리고 권세보다 지극히 높은 하늘에 계신 분이시다. 그분의 능력은 비할 것이 없다. 그분의 권세는 영원히 서 있다. 그분의 사랑은 놀랍다! 우리 모두 그분을 추구하고, 그분을 사랑하며, 그분을 숭모

하는 사람이 되자. 그리고 이 땅에서 그분의 영광을 위하여 이 초자연적 혁명을 품는 사람들이 되자.

미주

1. James W. Goll, The seer(Shippensburg, PA: Destiny Image Publishers, 2004), 73-74.
2. Ibid., 76-78.
3. Bill Johnson, When Heaven Invades Earth(Shippensburg, PA: Destiny Image Publishers, 2004), 121.

2장

영적 경험들-그것들은 옳은가?
Spiritual experiences—Are they valid?

2장 · 영적 경험들-그것들은 옳은가? | Spiritual experiences-Are they valid? |

당신은 당신이 사파이어로 된 거리 위에서 하나님과 함께 먹고 마시는 상상을 해본 적 있는가? 아니면 그분의 임재의 영광스러운 구름 안으로 들어가는, 그분의 왕적 행렬이 성전을 채우는 동안 높은 보좌에 앉아계신 주님을 바라보면서, 혹은 개인적으로 천사를 만나면서, 이 같은 상상을 해본 적이 있는가? 당신의 극적인 꿈들 가운데 열왕기상 18장 46절에서 "여호와의 능력이 엘리야에게 임하매" 엘리야가 했던 것처럼 문자적으로 병거를 앞지르는 경험을 한 적이 있었는가. 혹은 열왕기하 6장 17절에서 하늘의 군대를 봤다든지 – "기도하여 이르되 여호와여 원하건대 그의 눈을 열어서 보게 하옵소서 하니 여호와께서 그 청년의 눈을 여시매 그가 보니 불말과 불병거가 산에 가득하여 엘리사를 둘렀더라." 혹은 예수님이 하셨던 것처럼 벽을 통해 걸었다든지 하는 경험을 해본 적이 있는가 – "이 날 곧 안식 후 첫날 저녁 때에 제자들이 유대인들을 두려워하여 모인 곳의 문들을 닫았더니 예수께서 오사 가운데 서서 이르시되 너희에게 평강이 있을지어다"(요 20:19).

한 지리적 위치에서 다른 곳으로 하나님의 영에 의해서 빌립처럼 초자연적으로 이동하는 것은 어떤가? "둘이 물에서 올라올새 주의 영이 빌립을 이끌어간지라 내시는 기쁘게 길을 가므로 그를 다시 보지 못하니라"(행 8:39).

지금 살펴본 성경의 경험들처럼 하나님께서 직접 지시하시고 영감을 주시는 초자연적 사건들을 주님께서 우리의 삶에 채워주길 원하신다고 감히 말할 수 있는가? 그리고 만약 그렇다면 이런 것들이 허락되는 이유는 무엇인가?

초자연적 비전들, 천사를 보는 것, 혹은 "보좌 구역"을 경험하는 것이 우리 왕의 왕께 대한 우리의 경배와 헌신을 어떻게든 강화시키리라 할 수 있는가? 그러한 경험들이 우리를 더 강한 그리스도인이 되게 하고 예수님과의 친밀함을 깊게 할 수 있는 것인가? 그러한 가능성들이 이러한 영적인 각성의 시기에 우리들로 더 나은 주님의 증인이 되게 할 것인가?

성경에서 우리는 그러한 경험들이 믿는 이들의 삶에서 가능할 뿐만 아니라, 성령님께서 그 길로 인도하셨고, 주님께서 진실로 우리가 그분과 함께 초자연적 왕국의 삶에 참여하길 갈망하신다는 것을 찾을 수 있다.

그리스도를 믿는 많은 사람들이 주님과 그분의 왕국을 만져볼 수 있도록, 그리고 의미심장하게 경험하길 절대적으로 갈망하고 있다. 그들은 예수님과의 친밀함을 경험하고, 그분의 영광을 경험하며, 그분의 임재 속에 있기를 갈망하고 있다. 영적혁명 동안에 많은 믿는 이들이 모든 능력을 가지신 하나님을 경험하고자 하는 만족할 수 없는 갈증이 그들 자신 안에 있는 것을 알게 될 것이다. 그들은 초자연적 방문을 추구하는 열정으로 휩싸일 것이다.

"하나님을 경험함"에 대한 갈망이 옳은 것인가?

많은 이들이 종종 "경험 추구"라고 간주되는 것에 대해 걱정하고 반대한다. 짐과 미셸 앤 골(James W. & Michal Ann Goll)은 그들의 책 『영광의 왕과 마주치다』(God Encounters)에서 이러한 선물들이 왜 중요한지 몇 가지 중대한 이유를 말해준다. "우리를 사로잡아 우리로 영광스러운 분 예수 그리스도를 더 잘 보도록 해주기 위해; 우리에게 그분을 더 친밀하게 알고자 하는 갈망을 불러일으키기 위해; 우리 안에 우리가 그동안 거의 주목하지 않았던, 그분을 향한 배고픔과 갈망을 상기시키기 위해. 계시적 선물들의 온전한 목적은 우리가 그분을 추구하는 데 더 박차를 가하도록 하는 것이다."[1]

대개의 경우 "경험 추구"라는 말은 열정적으로 하나님이 주시는 경험들을 추구하는 사람들에 해당하는 것으로 이해된다. 그분의 선물들, 그분의 임재, 그리고 그분의 활동들. 비록 나는 "경험을" 숭배하지 않도록 주의해야 한다는데 동의하지만 부드럽게 존경을 담아 이러한 고려를 해보도록 도전하고 싶다.

성공적이고 의미심장한 관계들은 사랑을 경험하는 것만큼이나 사랑을 하고자 하는 선택에 기반을 두고 있다. 만일 당신이 관계에서 경험의 영역을 제외시켜 버린다면 당신은 차갑고 공허하게 되고 전혀 관계적이지 못할 것이다. 당신이 미국 대통령의 자서전을 읽는다는 것이 그와 관계를 맺는 것을 의미하지는 않는다. 그것은 단지 그에 대해 무언가를 아는 것을 의미한다. 그러나 당신이 그와 커피를 마시거나 함께 산책을 하거나 그로부터 백악관으로의 개인적인 초청을 받는다면 당신은 그와 조금 관계를 형성했다고 할 수 있을 것이다. 무엇이 차이를 만드는가? 바로 경험의 영역이다. 당신이 다른 사람과 경험을 더 나눌수록 당신의 관계는 더 깊어진다.

여기 예가 있다. 단 앞에 서 있는 신랑을 상상해보라. 그의 가슴은 정교한 신부 의상을 입고 그가 이전에 봤던 어떤 때보다도 매혹적인 모습으로 통로를 따라 그에게로 걸어오는 신부와 삶의 언약을 맺을 것을 기다리며 두근거리고 있다. 그는 그의 감정에 열정적 사랑과 기대감의 홍수로 밀려오는 강렬한 파도를 "경험"하고 있다. 마침내 그녀가 교회 앞으로 그녀의 방향을 돌리며 신부의 찬란함으로 그의 옆에 섰을 때 그들은 그들의 맹세를 말하기 시작한다. 그녀는 이 평생의 언약을 맺는 동안에 신랑을 신중히 바라보고 부드럽고도 확신 있게 "나는 당신의 아내가 되기로 맹세합니다. 당신에게 신실하기로, 당신에게 순종하기로… 그러나 나의 사랑을 경험하리라고 기대하지는 마세요. 나는 경험으로 들어가지는 않을 거예요. 나는 나의 결혼을 경험에 근거하고 싶지는 않아요. 오, 그리고 나는 당신의 사랑을 느끼리라 기대하지도 않아요. 나는 단순히 당신이 나를 사랑한다고 믿기만 할 거예요. 나는 매일 이 언약의 말씀 위에 신실하게 설 거예요. 그러나 나는 우리의 관계에서 경험을 기대하지도 추구하지도 않겠어요."

오 이런, 얼마나 신랑에게 실망스러운 일인가. 아마도 그는 바로 그곳에서 그의 마음을 제단으로 돌릴 것이다. 왜인가? 그것은 경험에는 관계를 맺는 모든 것이 있기 때문이다. 경험 없이 부하고 열정적이며 의미심장한 관계를 갖는다는 것은 불가능하다. 경험은 절대적으로 필요하다. 물론, 건강한 균형은 당신이 어떤 경험을 사랑하는 것보다 더 깊이 그 인격을 사랑하고 관계에 헌신하고자 하는, 흔들리지 않는 본질적 선택에 기반을 둔다. 당신은 실제로 웅대한 왕국의 관계 속에서 살기 위해서는 다른 것들 없이 경험만 취할 수는 없다. 당신은 사랑을 표현하는데 있어서 경험을 제공하는 만큼 무조건적인 헌신도 해야 한다. 사랑이 작동하기 위해서는 그것이 표현되어지고 받아들여질 필요가 있다.

앞서 언급하였듯이 당신은 단순히 어떤 남자나 여자에 대한 전기를 읽는다고 해서 실제로 그 사람과 관계를 맺게 되는 건 아니다. 당신은 그들과 시간을 함께 지냄으로써만 그들을 알게 된다-대화, 청취, 그리고 교감하면서. 이것은 또한 우리가 우리의 일상에서 주님과 함께하는 방법이다. 그분은 우리를 친밀하게 알길 갈망하시고, 또한 우리가 그분을 깊이 알기를 원하신다. 그분은 우리가 그분의 사랑, 그분의 인자하심, 그리고 그분의 진리를 경험하길 갈망하신다. 그리고 또한 그분은 우리의 사랑을 경험하길 원하신다. 그분은 우리가 "성경을 읽는 것이 내가 원하는 전부에요. 나는 주님에 대해서 아는 모든 것을 당신의 말씀에서 찾을 수 있어요. 나에게는 당신의 사랑, 임재, 혹은 능력을 경험하는 것은 필요 없어요"라고 말한다면 매우 실망하실 것이다. 그분은 우리에게 그분과 함께하는 경험을 주며 우리의 사랑을 경험하길 원하시기 때문에 이것은 그분의 마음을 아프게 할 것이다. 그분은 관계를 중시

하시는 하나님이시다. 그분이 십자가에서 고통당하실 때 그분은 한 기대를 하셨다. 그분은 그분 앞에 놓인 십자가를 기쁨으로 감당하셨다. 우리와의 영원한 사랑의 관계에 대한 기대가 바로 그 기쁨이었다.

주님께서는 우리가 그분의 왕국을 경험하길 원하신다

우리는 주님 자신을 경험하는 것으로 초대되었을 뿐 아니라, 그분의 왕국을 경험하는 것 또한 그분께서 갈망하시는 것이다. 나는 캐나다인이어서 내 삶의 대부분을 북미 문화 속에서 살아왔다. 나는 캐나다에서 태어났기에 캐나다인이고 그것을 증명할 출생증명서를 가지고 있다. 내 나라와 문화 속에서의 일상적 경험들이 나를 삶의 방식, 외모, 언어, 그리고 성품에 실제적 영향을 끼친다. 나는 수십 년간 캐나다 문화를 경험했기 때문에 캐나다인으로 행동하고 살아간다. 북미적 성향은 캐나다 구조를 공부함으로써 생긴 게 아니다. 그것은 캐나다 문화에서의 일상적 경험을 통해 생겼다. 우리 땅의 법률들이 명백하게 우리나라 안에서 수용되는 활동의 경계를 형성하지만 그 틀 안에서 "캐나다인 특징"이라고 불리는 나의 특징을 이루는 것은 실제로 경험이다.

나는 많은 나라들을 여행하면서 문화와 사람들의 분명한 특징들을 보아왔다. 나는 미국과 캐나다, 또는 독일과 네덜란드가 바로 옆에 붙어 있을지라도 그 국민들 간의 차이점을 대부분의 경우에 말할 수 있다. 나는 일반적으로 나이지리아 계통의 아프리카계 미국인과 아프리카에서 태어나고 성장한 나이지리아인 사이의 차이점을 말할 수 있다. 그들의 문화와 환경에서의 경험과 삶은 중대한 차이점을 야기한다.

이것은 하나님의 자녀인 우리들에게도 마찬가지다. 주님께서는 우리가 그분의 왕국을 충만하게 경험하길 갈망하신다. 우리가 그렇게 할 때 우리는 왕국 시민의 특성을 받아들이기 시작한다. 이 영광스럽고 영원한 통치에서의 우리의 시민권은 우리가 예수 그리스도를 우리의 구세주로 영접할 때 처음 확립되며, 왕국의 자녀로서 수많은 축복과 혜택이 우리를 맞이하게 된다. 이러한 영역에서 우리는 통치자이신 주님께서 온 우주를 다스리시는 것을 발견하고 그분의 임재의 영광, 능력, 그리고 위엄을 경험하게 된다. 우리는 그분과 그분의 놀라운 사랑을 지켜보도록 초대되었다. 발견할 것이 너무도 많다.

이 왕국 안에는 천국이라고 불리는 실재 장소가 있다. 거기에는 천사들, 전차들, 보좌 주변의 화염, 수정바다, 생명수 강, 생명나무, 구름 같이 허다한 증인들, 금 길들. 그리고 오… 더욱더 많은 것들이 있다! 하나님의 말씀은 하나님의 왕국에 대한 정보와 계시로 가득하고 우리는 그 모든 것을 발견하고 거기에 참여하도록 초대 받았다.

우리가 이 영광스러운 왕국의 삶에 우리의 일상의 기반을 둔다면 우리는 왕국의 특징, 왕국 언어, 그리고 왕국의 활동을 취하게 될 것이다.

적은 무리여 무서워 말라 너희 아버지께서 그 나라를 너희에게 주시기를 기뻐하시느니라(눅 12:32)

그런즉 너희는 먼저 그의 나라와 그의 의를 구하라 그리하면 이 모든 것을 너희에게 더하시리라(마 6:33)

우리는 누구 혹은 무엇을 찾는가?

　내가 한 컨퍼런스에서 천국 영역의 영광에 대해 나눈 후 어떤 사람이 나에게 경고의 말을 했었다. 그는 "패트리샤 자매님, 당신은 형제, 자매들의 초점이 예수님의 얼굴에서 떨어지게 하는 것을 조심해야 할 필요가 있어요. 그들은 오직 그분의 얼굴을 구해야지 그분의 손이나 그분의 진리나 그분의 선물들을 구해서는 안 됩니다." 그는 그가 참석했던 수많은 집회들을 지적했고 나는 주의 깊게 들었다. 나는 다른 사람들의 생각을 듣고 심지어 그들이 내가 전혀 동의하지 않는 반대의 접근을 할지라도 그들을 존중하는 것이 건강하고 유용하다고 생각한다. 사려 깊은 경청자가 되어 배우고 겸손의 영으로 반대의견을 제시하는 것이 지혜이다.

　나는 주님 자신의 인격과 임재가 우리가 초점을 맞춰야 하는 가장 중요한 것임을 온전히 믿는다. 절대적으로! 나는 또한 우리가 우리의 전심을 다해 그분을 사랑해야 한다고 믿는다. 그러나 그 신사분께서 말하려 한 일반적인 요점이 무엇인지 내가 이해함에도 불구하고 그가 말한 것은 뭔가 내 안에 잘 와 닿지 않았다. 나는 주님을 추구하면서 다음의 짧은 시나리오를 받았었다. 나는 한 어머니가 부엌에 있는 것을 환상으로 보았다. 그녀의 앞에는 그녀의 작은 딸이 있었다. 그들은 서로 얼굴을 마주 보고 있었고 어머니가 "이쁜아, 내가 오늘 네가 좋아하는 쿠키들을 구울 거야. 그것들이 저기 선반 위에 있는데 나는 네가 날 좀 도와줬으면 해. 내가 널 위해서 쿠키를 만들께." 환상 속에서 열 살쯤 되어 보이는 그 작은 소녀가 대답했다. "안 돼, 엄마! 안 돼, 엄마! 나는 어떠한 쿠키도 원하지 않아. 나는 단지 엄마의 얼굴만 원해. 나는 엄마의 얼굴을 사랑해. 그리고 나는 엄마의 얼굴만 보고 싶어! 쿠키는 필요 없어."

　어머니는 다소 충격을 받은 것처럼 보였다. 그러나 부드럽게 답했다. "이쁜아,

나는 네가 날 사랑해서 너무 기쁘단다. 그리고 나는 네가 나의 얼굴을 좋아해서 정말로 행복해. 그러나 나는 네가 쿠키를 즐기기 원해. 내가 특별히 너를 위해 만들어 줄게."

"안 돼, 엄마, 안 돼! 쿠키 필요 없어. 엄마의 손으로부터는 아무것도 필요 없어. 단지 엄마 얼굴만 있으면 돼."

그때부터 어머니는 심히 근심하면서 엄하게 말했다. "아가야, 쿠키를 먹고 이 장난은 그만둬."

자연계에서, 이러한 일이 실제 일어난다면 우리는 아이의 불균형적인 행동 때문에 아이에게 뭔가 중대한 상담이 필요하다고 생각할 것이다. 아이들은 그들의 가정환경에서 소속감과 즐거움을 느껴야 한다. 부모가 자녀에게 선물이나 준비한 물건을 줄 때 아이는 기쁨과 감사로 그것을 받을 것이라고 예상할 수 있다. 내가 내 손자에게 선물을 줄 때(내가 방문할 때마다 매번), 나는 그가 그것을 좋아할까 긴장이 된다. 그는 그의 할머니 킹을 사랑하고 항상 나를 보는 것을 좋아한다. 우리는 아름다운 사랑으로 결속되어 있다. 그러나 그가 나를 사랑하는 한편, 그는 또한 내가 그에게 주는 것들을 좋아한다. 그리고 나는 그가 그러길 원한다.

주님과도 마찬가지다. 우리는 그분을 깊고 인격적으로 사랑해야 하지만 우리는 또한 그분이 우리를 위해 준비하신 것들을 좋아할 줄도 알아야 한다. "자기 아들을 아끼지 아니하시고 우리 모든 사람을 위하여 내주신 이가 어찌 그 아들과 함께 모든 것을 우리에게 주시지 아니하겠느냐"(롬 8:32).

우리는 믿는 이들이 주님 앞에서 앞서 말한 어린 소녀가 그녀의 어머니 앞에서

했던 것과 같이 말하는 것을 얼마나 많이 보는가. "안 돼요, 주님, 당신의 손은 안 돼요. 단지 당신의 얼굴만, 당신의 얼굴만 원해요. 축복은 필요 없어요. 천사도 필요 없어요. 영광스러운 현현도 필요 없어요. 능력도, 선물도 필요 없어요. 단지 당신의 얼굴만 필요해요!" 우리는 이와 같이 하면서 우리가 얼마나 중대한 영적 장애 속에 살고 있는지 깨닫지 못하고 있다. 이것은 건강한 관계에서 일어나는 정상적인 행동이 아니다.

우리가 우리의 구세주이자 주님이신 예수 그리스도와의 인격적인 사랑에 충만해지는 것이 중요하지만 또한 그 관계의 혜택을 누리는 것도 중요하다. 그분의 손으로 우리에게 주어지는 것들은 우리를 향한 그분의 사랑의 표현이다. 우리가 예수님과의 경험에 참여하고 그분이 우리에게 공짜로 주시는 것들을 경험하면서 우리의 관계는 깊어지고 크게 강화된다.

당신을 향한 하나님의 사랑을 당신이 이해하고 알 때 하나님을 사랑하는 것은 너무도 쉬워진다. 그분을 사랑하는 것은 우리가 우리 스스로를 그렇게 하도록 강요해야 하는 뭔가가 아니다. "우리가 사랑함은 그가 먼저 우리를 사랑하셨음이라"(요일 4:19). 그분의 선하심을 우리가 더 이해할수록 그분을 사랑하는 것은 더 쉬워진다. 어찌 안 그럴 수 있는가? 우리를 어둠 가운데서 끌어내어 그분을 따르게 하신 것은 그분의 선하심이다. "혹 네가 하나님의 인자하심이 너를 인도하여 회개하게 하심을 알지 못하여 그의 인자하심과 용납하심과 길이 참으심이 풍성함을 멸시하느냐"(롬 2:4).

주님께서는 우리를 능력과 측량할 수 없는 축복으로 가득한 실제 왕국에 초대하고 계신다. "찬송하리로다 하나님 곧 우리 주 예수 그리스도의 아버지께서 그리스도 안에서 하늘에 속한 모든 신령한 복을 우리에게 주시되"(엡 1:3).

비록 우리가 거듭난 곳이 안 보이는 왕국이라도 그것은 매우 실제의 왕국이다. "우리가 주목하는 것은 보이는 것이 아니요 보이지 않는 것이니 보이는 것은 잠깐이요 보이지 않는 것은 영원함이라"(고후 4:18).

안 보이는 왕국의 영역에는 많은 것들이 있다. 진실로 천사들, 영광의 구름, 전차들, 전차 운전자들, 영마(馬)들, 살아있는 창조물들, 보석들, 천둥, 번개, 찬란한 색깔들, 호수들, 강들, 나무들, 향로들, 그리고 다른 온갖 종류의 것들이 이 왕국에 있다. 그리고 추측할 수 있는 것은? 우리는 이러한 것들을 찾게 될 것이다. 그렇다! 우리는 예수님을 찾을 뿐만 아니라 우리는 실제적으로 왕국의 것들을 찾을 것이다-안 보이는 영역에 있는 것들 말이다.

> 그러므로 너희가 그리스도와 함께 다시 살리심을 받았으면 위의 것을 찾으라 거기는 그리스도께서 하나님 우편에 앉아 계시느니라 위의 것을 생각하고 땅의 것을 생각하지 말라(골 3:1-2)

흥미롭지 않은가? 우리는 그리스도께서 앉으신, 위의 것들을 찾으라고 실제적으로 권고 받고 있다. 우리는 또 다른 장에서 삼층천을 말하면서 이 관점에 더 접근해 갈 것이지만 지금은 우리가 위에 것을 찾아야 한다는 것을 아는 것으로 충분하다. 만약 우리가 그분의 능력을 추구하는 사람이 된다면 우리는 능력의 하나님 자신을 찾는 자 일뿐 아니라 그분이 그분의 위대한 능력으로 만드신 왕국의 것들을 또한 추구하는 자가 될 필요가 있다.

골로새서 3장 1-2절에서 바울은 단지 골로새의 믿는 이들이 예수님의 얼굴만을 추구해야 한다고 말하지 않았다. 물론, 그들은 예수님의 얼굴을 찾아야만 했다. 그러나 바울은 또한 그들이 그리스도께서 앉으신 위에 것들을 찾아야 한다는 사실을 강조하였다. 우리는 일상생활에서 마음과 마음으로 그분을 찾아야 하지만, 또한 우리는 주님께서 우리의 경험 안에 받아들이기 원하시는 그분 왕국의 다른 것들도 찾을 필요가 있다. 안 보이는 천국의 영역에는 주님께서 우리가 즐거워하길 너무도 원하심으로, 성경에서 우리가 실제적으로 이런 "것들"을 추구해야 한다고 말하는 것들이 있다.

나는 할 수 있는 대로 최대한 주님께 가까이 가길 갈망한다. 나는 매일 주님을 추구한다. 나는 나의 삶에서 가능한 많이 왕국의 경험을 하길 원한다. 나는 지속적으로 하나님을 향한 믿음이 더 커지고, 나에게 알려지도록 만들어진 그분의 왕국 현실을 더 알아가며, 그분이 내가 즐거워하도록 만드신 것들을 더 받고, 그분의 능력의 현현을 더 경험하게 되길 원한다. 그리고 당신은 이걸 아는가? 그분은 내가 더욱 원하는 모습을 사랑하신다. 당신도 그럴 수 있다. 취하라!

경험 추구는 당신의 마음 안에 바른 우선순위를 가지고 있는 한 옳은 것이다. 그러나 경험 자체를 위한 경험은 결코 영원한 가치를 지닐 수 없고 큰 기만으로 이끌 수 있는 우상숭배가 된다. 그러나 주님과 그분의 왕국, 그리고 그분의 의를 알아가는 경험을 하는 것이 그리스도 예수 안에서 우리에게 주어진 위를 향한 부르심이다.

> 그러나 무엇이든지 내게 유익하던 것을 내가 그리스도를 위하여 다 해로 여길뿐더러…내가 그리스도와 그 부활의 권능과 그 고난에 참여함을 알고자 하여 그의 죽으심을 본받아…형제들아 나는 아직 내가 잡은 줄로 여기지 아니하고 오직 한 일 즉 뒤에 있는 것은 잊어버리고 앞에 있는 것을 잡으려고 푯대를 향하여 그리스도 예수 안에서 하나님이 위에서 부르신 부름의 상을 위하여 달려가노라(빌 3:7, 10, 13-14)

혼란과 긴장의 날들

　성경을 통해 우리는 하나님의 초자연적인 능력 부여 대부분이 혼란과 긴장의 날들 가운데 목격된다는 것을 발견한다. 반면에 이 땅에 평화가 있을 때 하나님의 강력한 역사와 능력의 방출이 있었던 것을 거의 성경에서 발견할 수 없다. 모세는 큰 압제의 시대에 살았고 그는 주님의 임재 안에서 수많은 놀라운 일들을 경험했다. 엘리야, 엘리사, 다니엘, 다윗, 예레미야, 에스겔, 그리고 이사야도 역시 사도행전에 나오는 그리스도의 제자들과 믿는 이들만큼 많은 초자연적이고 신적인 사건들을 목격하고 경험했다. 하나님께서 이러한 압력과 시험의 시기에 행하신 일들이 성경의 많은 부분을 차지하지만 평화의 시기에 대해서는 다음과 같이 한 줄로만 적혀 있는 것을 발견할 수 있다. "이래저래 수년간의 다스림이 있었고 이 땅에는 평화가 있었더라."

　현재 우리는 어떤 반역하는 시대로 향하고 있다. 큰 혼란과 긴장의 날들, 사람들의 심령이 악으로 돌아서며 기만의 영들과 악령들의 교리들에 속임 당하는 날들 말이다. 사실 이러한 날들이 이미 우리에게 임했다. 어느 날 오후에 우리 예언팀(Extreme Prophetic)은 많은 집 없는 사람들이 거하는 피닉스 지역에서 그리스도의 사랑을 목격하고 있었다. 나는 그때 당시 17이나 18살 된 청년을 만났는데 좋은 검은색 빛나는 눈동자 무늬가 있는 흰색 콘택트렌즈를 끼고 있었다. 자연적 안구의 홍채는 보이지 않았고 단지 검은 테두리 쳐진 흰 콘택트의 검은 눈동자만 볼 수 있었을 뿐이었다. 그가 내 질문에 답하기 위해 입을 열었을 때 두 개의 길고 흰 송곳니가 증거가 되었다. 그는 드라큘라처럼 보이기 위해 임플란트를 했던 것이다. 그가 어떤 암흑의 영적 존재에 깊이 빠져들고 있음을 분별하는 것은 그리 오래 걸리지 않았다. 우리는 다소 대화를 나눴고 나는 주님 안에서 격려를 주었다. 그 만남으로 나는 그에 대한 심적 부담을 갖게 되었다.

　　48시간 이내에 나는 영적 경험을 하였다. 나는 이른 아침잠에서 깨었고 뭔가 기대하거나 구하지 않았지만 성령님으로 말미암아 완전히 새롭게 되는 경험을 하였다. 이 환상의 경험에서 나는 16살의 매우 허약해 보이는 소녀를 보며 서 있는 나를 발견했다. 나는 그녀를 매우 명확히 볼 수 있었다. 그녀는 창금 출산을 한 듯이 보였고 그녀의 갓난 남자아이가 그녀가 출산한 침대에 누워 있었다. 그의 탯줄은 아직 잘리지도 않았다.

　　또한 이 환상에서 나는 이틀 전에 거리에서 만났던 청년을 보았다. 나는 그가 그 아이의 아버지일지 모른다고 느꼈지만 내가 확신할 수 있는 한 가지는 그가 이 아기를 사탄에게 헌정하려 하고 있다는 것이었다. 이 영적 환상에서 나는 그 아기 위에 내 손을 놓고 그리스도 안에서 그의 목적을 예언했다. 나는 헌정하는 행동으로 예수님의 그 이름을 그에게 붙여주었다. 그때 나는 환상의 경험에서 나오게 되었다.

　　종종 주님께서는 특정한 상황을 위해서가 아니라, 어떠한 인적 그룹을 위해서 중보의 목적으로 이러한 경험들을 주실 것이다. 이 환상에서 보인 사람은 기만적이고 파멸적인 사술의 능력에 붙들린 사람을 상징적으로 보여줄 수 있다. 사단적 마술에 관여된 자들에 의해 남용된 어린 아이들의 삶에 특별히 개입하시는 것은 하나님의 갈망이다. 세상은 혼동으로 차 있고 큰 미혹에 자신을 내어주며 악마적 사고방식에 사로잡힌 자들을 기만하는 것으로 가득 차 있다. 이사야는 이사야 60장 2절에서 어두움이 온 땅을 뒤덮고 캄캄함이 만민을 가리울 것을 예언하였다. 바울은 디모데에게 보내는 서신에서 "말세"는 반역하는 날들이 될 것이라고 예언했다. "너는 이것을 알라 말세에 고통하는 때가 이르러"(딤후 3:1).

하나님께서는 우리에게 앞으로 다가올 일들을 준비시키고 계신다. 이 영적혁명의 시기 동안에, 그분은 우리에게 어떻게 그분을, 그분의 왕국을, 그리고 그분의 능력을 더 크게 경험할 수 있는지 가르치실 것이다. 우리는 어두움 가운데서 일어나 빛을 발하고 하나님의 능력과 영광을 표출해야 할 것이다. 단순히 예배, 컨퍼런스에 참여하거나 교회 프로그램에 참여하는 것은 더 이상 우리에게 다가오는 날들을 준비시키지 못할 것이다. 우리는 주님을 알고 그분을 경험하는 것이 전례 없이 필요하다. 우리는 명백히 참된 왕국의 자녀로서 걷고 전쟁하는 것을 배우며, 참된 왕국의 성별, 능력, 그리고 은혜 안에서 살아가는 것을 배울 필요가 있다.

이 반역의 시간에 우리는 "하나님과의 만남"을 기대할 수 있다. 성경은 그러한 것들로 가득 차 있다. 사실 당신이 성경으로부터 경험의 기록을 모두 제거하고 오직 교리만 남긴다면 매우 적은 분량만 남아있게 될 것이다. 그리고 나는 내가 이미 언급한 하나님과의 만남에 대한 성경의 기사 대부분이 혼란과 긴장의 시대에 발견되었다고 강조한다. 하나님의 능력은 그러한 때에 가속된다.

주님, 내 눈을 열어주소서

성경은 자신의 자녀들이 왕국 삶의 충만함 가운데 걸어가길 갈망하시는 능력의 하나님의 실존을 계시한다. 이러한 반역의 시간에 우리는 하나님과 그분의 능력, 그리고 그분의 왕국을 경험하는 것으로부터 우리를 물러가게 만드는 형식과 사고방식들에서 탈피할 필요가 있다.

바울은 에베소 교회를 대신해서 주님께 "지혜와 계시의 영을 너희에게 주사 하나님을 알게 하시고 너희 마음의 눈을 밝히사 그의 부르심의 소망이 무엇이며 성도 안에서 그 기업의 영광의 풍성함이 무엇이며 그의 힘의 위력으로 역사하심을 따라 믿는 우리에게 베푸신 능력의 지극히 크심이 어떠한 것을 너희로 알게 하시기를 구하노라"(엡 1:17-19)고 주님께서 그들에게 알게 하시기를 기도했다. 이러한 동일한 기도가 오늘날 교회를 위해 우리가 반복해야하는 것이다. 이러한 동일한 기도는 우리가 지금 우리 자신을 위해 기도할 수 있는 것이다. 즉, 우리 모두 능력의 하나님 앞에 나아가 그분이 우리를 채우시도록 초청장을 드리자.

하늘에 계신 아버지, 내가 예수님의 이름으로 주님 앞에 나와 내가 당신과 당신의 능력, 당신의 왕국, 그리고 당신의 의를 알기에 갈급하다고 고백합니다. 당신은 의에 주리고 목마른 자는 채움 받을 것이라고 하셨습니다. 나에게 지혜와 계시의 영을 주사 당신을 알게 하시고 내 마음의 눈을 밝히사 당신의 길들을 알게 하소서. 나에게 당신과의 경험들을 주시옵소서-하나님과의 만남들을. 나에게 당신의 안 보이는 왕국의 영역 안에서의 올바른 경험을 하게 하소서. 나에게 당신의 능력으로 채우사 당신의 아들 예수님께서 이 땅에서 하셨던 것처럼 왕국의 사역을 하게 하소서. 내가 당신의 말씀을 믿음으로 말미암아 당신이 내게 주신 평안한 삶을 누리게 도우소서. 나로 영적혁명의 전도자가 되게 하여 주소서. 아멘.

미주

1. James and Michal Ann Goll, God Encounters (Shippensburg, PA: Destiny Image Publishers, 2005), 170.

3장

새 부대로 만들어지기
Catapulted into a new wineskin

3장 · 새 부대로 만들어지기 | Catapulted into a new wineskin |

주님과 함께하는 나의 걸음은 항상 하나님의 말씀에 대한 깊은 사랑과 존중의 기반 위에 이루어졌다. 나는 성경말씀들을 사모하고 실천하며 그것들에 뛰어들어 나를 제자화한다. 어린 그리스도인이었을 때 나는 성령의 사람이자 성령의 은사로 지침을 받는 사람을 소개 받았고, 내가 설교하고 가르치는 전임사역에 들어간 1980년부터는 내 삶과 사역에 성령의 은사가 초자연적으로 나타나는 것이 일상적이 되었다. 나는 강한 성경적 기반으로 가르침 받았지만 또한 나의 개인적인 삶과 사역 모임에서 성령님께서 마음껏 일하시도록 해왔다. 솔직하게 말하자면, 나는 한때 내가 진정 최전방에 서 있으며 하나님 나라의 핸들을 쥐고 있다고 무의식적으로 믿었다. 이러한 유형의 교만은 이전의 하나님의 움직임에 쓰임 받은 사람들이 다음의 역사적인 부흥에서 하나님의 움직임을 핍박하는 때 나타나는 전형적인 유형이다.

나의 그리스도인 삶 초기에 나는 솔직히 주님께 항상 "나를 빨리 훈련하여 주세요"라고 기도했다. 나는 "주님, 나는 절대로 당신의 뜻에서 좌로나 우로나 치우치길 원치 않아요. 내가 그렇다면 나를 강하게 즉시로 훈련시켜 주세요. 나를 나의 뜻대로 하게 두지 마세요"라고 울부짖었다. 자, 그래서-나는 잘 훈련된 아이가 되었다. 이런, 그렇지 않았다! 훈련은 수많은 형태로 다가왔고 나는 그 각각에 대해, 그리고 그것들 모두에 대해 얼마나 감사한지 모른다.

1980년에 주님께서는 내게 새로운 통찰, 그리고 문자적으로 나의 생각을 불어버린 그분의 영광의 현현을 소개하심으로 내 삶 가운데 엄청난 겸손의 수준을 제시하셨다! 그분은 그분의 왕국이 내가 그간 알았던 것이나, 심지어 내가 상상할 수 있는 어떤 것보다도 훨씬 크고 광대함을 계시해 주셨다. 나의 친구 찰리 로빈슨은 종종 "부흥이 올 때, 그것은 결코 당신이 기대했던 것이 아니라 항상 더 크게 온다"고 말한다. 나는 주님께서 내가 새 포도주를 넣는 새로운 부대가 필요함을 알도록 가르치시는 직접적인 가르침을 받았다. 결론적으로 그분은 나의 세계를 뒤흔들어 놓으셨다! 그것은 내가 갈망한 훈련이었다. 주님, 더 훈련시키소서!

천국, 천사들, 불덩이, 그리고 웃음

"성령님의 바람이 지금 막 이 자리 부근에 불어오고 있습니다. 준비하세요. 그분이 오십니다." 실체적인 강한 돌풍이 오기 직전에 부흥사가 선포했고 거룩한 바람이 우리가 앉은 자리를 강타했다. 나는 이 "바람의 힘"의 영광스러운 충격으로 순간적으로 녹초가 되었고 철제 의자 두 줄 사이로 날아가 있는 자신을 발견했다. 그러나 그것이 주는 모든 느낌이 얼마나 놀라웠는지 모른다. 성령님의 만지심과 같은 것은 아무것도 없다! 방금 무슨 일이 일어난 것인지 파악하기도 전에 부흥사가 성령님의 능력을 경험한 사람들을 앞으로 초청하고 있었다. 그는 성령님께서 우리를 다시 만지시길 원한다고 믿었다.

솔직하게 나는 내가 능력의 돌풍에 휩싸이고 난 뒤에 몸에 힘이 빠졌기 때문에 앞으로 나갈 수 있을지 알 수가 없었지만 나가기로 결정했다. 나는 비틀거리며 앞으로 나갔고 간절히 두 번째 만지심을 기다리고 있는 다른 사람들과 서 있으려 시도했다. 또 다른 말이 말해지기도 전에 나는 성령님의 능력 아래 다시 넘어졌다. 이 때 나는 크고 절제할 수 없이 웃기 시작했다!

공개적이고 엄숙한 모임 도중에 넘쳐난 나의 웃음은 나를 난처하게 했다. 특별히 나는 이러한 반응을 일으키게 만들 어떤 재밌는 것도 생각할 수 없다는 사실에 더욱 난처했다. 그리고 내가 희락을 잠재우려고 시도하면 할수록 더 심해졌다. 나의 생각과 마음은 씨름을 하고 있었다. 나의 마음이 그 경험 가운데 기뻐하는 가운데 나의 생각은 그러한 행동이 옳은가 논쟁하고 있었다. 그 순간 나의 영으로부터 신중한 질문이 떠올라 주님께 조용하게 질문을 드렸다. "주님, 정확하게 무엇이 그렇게 재밌는 것인가요?" 그때 나는 다시금 폭발적으로 웃기 시작했다. 이러한 절제할 수 없는 분출이 조금씩 나의 내면의 씨름을 증가시켰다.

나는 천국이 웃는 소리를 들었다

오랫동안 바닥을 치며 박장대소를 한 이후에 주님께서 그분의 선하심 가운데 내가 절대로 잊지 못할 초자연적인 경험을 즐기도록 인도하셨다. 환상 중에 나는 천국으로 올려졌고 문자적으로, 들을 수 있는 소리로 천국이 웃는 소리를 들었다. 그것은 내가 생각하기에 누군가 좋은 농담을 해서 수많은 군중이 갑자기 웃음을 터트린 듯이 들렸다. 천국의 환경은 그러한 시끌벅적한 잔치의 모습으로 나타났다. 솔직하게 이것은 나를 당혹케 했다. 나는 '이것이 이곳에서 이들이 할 모든 것인가? 우리는 지구에서 큰 고통으로 힘든 과정을 겪고 있는데 파티와 농담을 하는 것이?' 하는 생각을 한 것이 기억난다. 성경은 육신의 생각은 하나님을 대적한다고 말한다(롬 8:7을 보라). 당신이 천국에 있으면서도 하나님을 반대하는 생각을 할 수 있다는 생각은 참 놀라운 일이다. 루시퍼처럼, 모든 것이 완벽한 하나님의 임재 안에 있던 천사장이었으면서도 잘못된 생각을 선택한 것처럼 말이다. 그러나 나의 생각의 거부감에도 불구하고 나의 영은 반대로 천국의 만면을 즐기고 있었다.

놀라운 사실은 천국이 웃을 때마다 나 또한 웃었고 천국이 잠잠할 때마다 나 또한 잠잠했다는 것이다. 천국의 웃음과 나의 영에 생긴 웃음과는 신성한 연결이 있어 보였다. 나는 이러한 기쁜 감정의 강력한 표출이 무엇으로부터 기인되었는지 알 수 없었지만 매우 기분이 좋았다! 천국은 완전히 기쁨으로 충만했고 염려나 근심의 흔

적조차 없었다. 모든 것이 평안했다! 모든 것이 매우 훌륭하게 느껴졌다. 그리고 장엄한 영광의 무게가 나의 생각의 반대들을 잠잠하게 만들었다. 그러한 반대적 생각은 그러한 환경에서는 설 자리가 없다.

천사들과 뜨거운 숯들

이 주권적인 천국 경험 도중에 나는 천사들이 땅의 많은 지역으로부터 그들의 손에 숯들을 들고 올라오는 것을 보았다. 환상 속에서 타오르는 불이 있는 큰 제단이 보였고 천사들이 그들이 땅에서 가져온 숯들을 그 위에 올려놓고 있었다. 나는 이 숯들이 성도들의 기도를 상징하는 것임을 알았다. 불 속에서 숯들은 더 커지며 뜨겁게 불타올랐다. 그때 천사들은 제단으로부터 숯들을 집어 그들의 손에 들고 땅으로 다시 날아갔다.

그리고 나는 지구 전역에 걸친 검은 누더기를 보았다. 나는 이 누더기들이 지구상의 특정한 지역들에 있는 사단의 견고한 진들이라는 것을 이해했다. 천사들이 그들의 "불덩어리들"을 어둠의 요새들로 던지기 시작했고 순간적으로 귀신들이 두려움에 소리치며 위협을 피해 뿔뿔이 흩어졌다. 그때 나는 의기양양하게 방출되는 천국의 웃음소리를 들었다. 이러한 불이 나타나는 것은 각각의 승리에 수반되는 강한 천국의 기쁨과 함께 수없이 반복해서 일어났다. 그리고 천국이 웃을 때마다 나도 웃었다. 주님께서 내게 시편 2편 4절을 상기시켜 주셨다. "하늘에 계신 이가 웃으심이여 주께서 그들을 비웃으시리로다." 나의 몸은 적의 패배를 생각하는 때마다 극도의 기쁨으로 진동하였다. 나는 천국으로부터의, 신성한 관점을 가지고 지구상의 영계에서 일어나는 사건들을 목격하고 있었다.

천국은 나에게 충격을 주었다

1994년 1월 플로리다에서 부흥모임을 갖는 동안에 이뤄진 이 천국의 방문은 내 심령에 많은 부분으로 깊이 역사했다. 첫째로, 하나님께서 이러한 새로운 그분의 능력 표출 현상에 대한 나의 혼적인 저항을 깨뜨리기 시작하셨다. 나의 영안 또한 열리고 나는 이 땅에서의 내 자연적 행동과 병행하여 일어나는 천국의 행동들이 있다는 것을 깨달았다. 천국 경험은 나의 삶에 깊은 영향을 주고 있었다.

왕국의 자녀로서 나는 그분의 능력, 그분의 영광, 그리고 그분의 마음을 경험해왔다. 그러나 이러한 최근의 계시들은 나에게 완전히 새로운 것이었고 영광 안에서 많은 경험들로 들어가는 출입구를 열어주고 있었다. 이후의 날들은 나의 그리스도인 경험을 침노하는 많은 환상들, 계시들, 천사의 방문들, 천국의 경험들, 능력 경험, 그리고 초자연적 현상들과 씨름하는 즐거운 날들이었다. 그러나 이러한 것들은 단지 시작이었다. 주님께서는 나의 심령이 증가된 천국 영광의 계시를 받아들일 수 있도록 준비시키고 계셨다. 주님과 함께하는 나의 걸음은 내가 상상할 수 있었던 것보다도 더욱 감칠맛 나고, 더욱 친밀하며, 그리고 더욱 영광스러워져갔다.

몇 주 후에 캐나다로 돌아오는 길에 나는 토론토공항교회(TACF)에서 목양적 스텝으로 섬기는 메리-오드리 레이크로프트의 전화를 받았다. 그녀는 성령님께서 캐나다의 TACF에 은혜의 신선한 부어짐을 얼마나 능력 있게 풀어주고 계신가를 설명해주었다. 군중들이 그분의 초자연적 만지심에 극적인 탄응으로 성령으로 감동된 웃음을 경험하고 있는 듯이 보였다. 수천의 사람들이 그때부터 전 세계적인 수준에서 실질적으로 교회를 흔든 영적인 현상을 경험하기 시작하였다.

더 이상 이전과 같을 수 없었다. 그분의 명백한 임재에 대한 끝없는 배고픔과 목마름이 하나님의 사람들 안에 막 잉태되었고, 믿는 이들은 이 놀랍고 영광스러운 성령님의 현현을 경험하기 위해 전 세계에서 비행기, 차, 밴, 버스, 그리고 기차로 여행해오고 있었다. 왜인가? 대부분의 믿는 이들은 주님과 그분의 초자연적 왕국을 만져볼 수 있고 의미 있는 방법으로 경험하는 것에 절대적으로 절박하기 때문이다.

토론토로 가다

메리-오드리의 전화를 받고서 나는 무슨 일이 일어나는가 보려고 토론토로 가서 며칠 동안 있었다. 플로리다에서 한 경험이 아직도 내 영 안에 생생했고 나는 더 이해하고 싶은 갈망이 있었다. 그러나 내가 토론토에 도착했을 때 나는 완전히 충격에 빠졌다. 나는 그 모임 곳곳에서 사도행전 2장에 나오는 오순절 날 믿는 이들이 경험했던 것 같이 사람들이 술 취한 자들처럼 즉흥적이고 성령에 감동된 웃음을 터뜨리는 것을 보았다. 나는 이미 플로리다에서 경험한 일로 인해 그 상황들에 대해 상당히 침착하게 받아들일 수 있었지만 거기에는 내가 이해할 수 없는 다른 뭔가가 일어나고 있었다. 예를 들어, 어떤 사람은 내가 전에 본적이 없는 방법으로 이상한 소리를 내고 도리깨질을 하며 스카이콩콩을 타듯 튀고 있었다. 이것은 상당히 분열적으로 보였는데 특별히 찬양 시간에 이러한 현상이 일어나면 더욱 그러했다.

나는 이것이 악마적 기만으로부터 온 것이라고 믿으며 대단히 고심하고 있었다. 그때 나는 TACF의 목사이자 감독인 존 아놋과 약속을 잡았다. 그는 나의 염려에 대해 매우 길게 듣고만 있더니 내가 절대로 잊을 수 없는 말을 했다. 그는 내게 나의 분별력을 던져버리지 않도록 격려하면서 또한 너무 빨리 정죄하지는 말도록 충고해 주었다. 그는 이렇게 말했다. "때때로 우리는 우리가 이해할 수 없는 것들을 정죄합니다." 그는 주권적인 방문들 도중에 비슷한 현상들이 일어났던 역사적인 부흥의 보고로 화제를 옮겨갔다. 그리고 그는 성경의 날들과 교회 역사 모두를 통해 하나님께서 때때로 특이하고 비전통적인 일들을 그분의 백성들 안에 그리고 그분의 백성들을 통해 일으키셨음을 볼 수 있다고 몇몇 성경구절과 부흥의 기록들을 말해주었다. 또한 그는 나에게 사람들은 외모를 보나 하나님께서는 마음을 보신다는 것을 상기시켜 주었다(삼상 16:7). 그는 더 나아가 나에게 이상한 현상을 보이는 사람들을 만나 인터뷰해보라고 격려까지 해주었다. 그는 말했다. "그들에게 아버지께서 그들의 마음에 무슨 일을 하고 계신지 물어보세요."

그리고 나는 그렇게 했다. 나는 얼마 안가서 보통은 사람들의 삶에서 수년간의 상담과 기도를 통해서 이뤄지는 일들을 주님께서 이러한 이상한 경험들 가운데 짧은 순간에 이루신다는 것을 발견했다. 그리고 이러한 개인들에게서 큰 기쁨과 강하고 격렬한 하나님을 향한 열정을 발견했다.

만약 이것이 "교회"였다면 그것은 완전히 다르게 보이는 것이었다. 하나님께서는 새 포도주를 붓고 계셨고 주님께서 주시는 것을 붙잡기 위해서 우리는 의심할 여지없이 새 신학적 기반, 새 부대가 필요했다. 이 시점에서 나는 스테이시 캠벨-주님의 몸에 예언자적 목소리로 인식되며 그의 남편 웨슬리와 함께 캐나다 케로나(Kelowna)의 새생명 교회(New Life Church)와 Praying The Bible International 설립자이다-이 90년대 성령의 방출(Outpouring) 동안에는 우리에게 시대를 위한 그릇이 필요하며 과거에서는 찾을 수 없을 것이라고 예언한 것을 언급하고 싶다. 그녀는 더 나아가 하나님께서 우리를 인도하실, 우리가 이전에 결코 해 본적 없는 것들 중 몇 가지에 대해 예언하였다('Eyes and Wings Prophecy on Extreame Diciples' CD를 보라).

1994년의 초기 방문 이후 다음 몇 년에 걸쳐 신학자들, 부흥역사가들, 그리고 성숙한 예언자들과 목사들이 성령님께서 시작하신 이 부어주심을 지체들이 이해하도록 돕기 위해 일어났다. 이러한 방문의 시기가 새로운 영적 시대-영적인 감각이 증가하고 천국의 관점이 삶을 살아가는 계시의 기초가 되는 시대-를 열었다. 존 아놋은 이러한 일들에 충격을 받은 사람들에게 이렇게 설명한다. "때때로 하나님께서는 우리의 마음을 확장시키시기 위해 우리의 생각을 공격하실 것이다." 때때로 주님께서 예수님 시대에 행해졌던 것처럼 참된 추종자를 찾기 위해 신경을 거스르는 포장을 사용하실 것이라는 사실이 흥미롭다. 많은 종교주의의 개인들과 리더들은 예수님께서 너무 논란의 여지가 있고 너무 다르며 너무 규격을 벗어나고 전혀 그들이 기대한 메시아의 유형과 달랐기 때문에 그분과 그분의 방법들을 수용할 수 없었다. 그들은 새 포도주를 받기 위해서 새 부대가 필요했다. 그리고 우리 또한 그러하다.

의심이 날 때 찾아보라!

사도행전에서 우리는 사도들이 복음을 증거한 것과 주님의 위대한 능력이 나타난 것을 볼 수 있다. 그들이 전하는 말씀을 기사와 이적이 확증해주었음에도 우리는 그들이 전했던 새로운 계시(복음)는 많은 사람들에게 거슬리는 것이었고 큰 박해를 초래하게 되었다는 것을 발견한다. 사도행전에 나오는 사람들처럼 우리 또한 종종 우리가 이해하지 못하는 것에 대해 거절하며 심지어 공격하기도 한다. 그러나 성경은 우리에게 베뢰아인들의 예를 전해준다. 그들은 그들의 마음을 주님께 열고서 "이것이 그러한가" 매일 성경을 상고하였다. 그래서 그들은 "데살로니가에 있는 사람들보다 더 너그러워서"(행 17:11b)라고 평가되었다.

말씀은 그들이 "이것이 그러한가 하여 날마다 성경을 상고하므로"라고 말하는 것을 기억하라—그들은 그렇지 않은 것을 찾으려고 시도한 것이 아니다. 이 둘은 큰 차이가 있다!

우리는 우리가 경험하는 모든 것을 숙고할 때 하나님의 말씀을 기준으로 삼아야만 한다. 그것이 우리의 기준선이다! 성경은 우리가 삶과 신앙에 관해 이해할 필요가 있는 모든 것을 담고 있다. 하나님의 말씀은 진리이고 타협되어선 안 된다. 그러나 우리는 말씀 안에서 우리가 이전에 발견하지 못했던 것을 보기 위해 눈을 열어야 한다. 하나님의 말씀은 단지 종이에 인쇄된 출력물이나 단순한 말이 아니다. 그렇다, 그런 것들보다 훨씬 더한 것이다. 하나님의 말씀은 살아있고 영원하며 하나님의 생명이 고동치고 하나님의 영에 의해서 계시될 필요가 있다. 말씀은 하나님이자 인자 되신 예수님 자신이 충만히 표현되고 소통되는 것이고, 우리는 계시된 하나님의 말씀 안에서 하늘로부터 오는 신선한 "만나"를 매일 추구해야 한다.

성경은 하나님의 성품, 그분의 법들, 그리고 그분의 길들을 계시해 준다. 그리고 모든 성경구절은 그 안에 영원한 계시의 층들을 지니고 있다. 올해 당신은 5년 전에 같은 성경구절에서 발견했던 계시보다 더욱 충만한 계시를 얻을 수 있다. 하나님 자신, 하나님께서 가지신 것, 그리고 행하시는 것 모두를 온전히 알기 위해서는 영원이라는 시간이 걸린다. 하나님은 우리가 이해할 수 있는 것보다 크시고 우리는 우리 생애에 그분의 모든 것을 충분히 이해하기란 불가한 것이다. 그러나 우리로 진리를 알 수 있도록, 심지어 하나님의 깊은 것까지도 알 수 있도록 성령님께서 오셨다. 신명기 29장 29절에서 성경은 우리에게 "감추어진 일은 우리 하나님 여호와께 속하였거니와 나타난 일은 영원히 우리와 우리 자손에게 속하였나니 이는 우리에게 이 율법의 모든 말씀을 행하게 하심이니라." 하나님께서는 갈급해하는 자, 진리를 찾는 자들에게 그분 왕국의 깊은 것들을 계시해 주신다. "오직 하나님이 성령으로 이것을 우리에게 보이셨으니 성령은 모든 것 곧 하나님의 깊은 것까지도 통달하시느니라"

(고전 2:10).

진리의 계시는 단순히 한 성경구절에서만 발견되지는 않을 것이다. 당신이 하나님의 영으로부터 계시나 통찰을 받을 때 당신은 그것을 다른 성경구절들과 비교할 수 있고 그 원칙이나 계시에 대한 증거가 되는 다른 구절을 찾을 수 있다. 당신은 또한 하나님의 성품과 인격이 이전의 성령님의 움직이심 속에서 주님께서 행해오신 일들만큼이나 당신의 계시를 지지해준다는 것도 발견하게 될 것이다. 이 모든 것들은 당신의 계시에 확증을 줄 것이다. 초자연적 만남들 가운데서 당신은 주님이 그분의 말씀이나 그분의 성품에 반하여 행하시는 것은 절대 발견하지 못할 것이다. 당신은 항상 당신의 천국 경험이나 초자연적 경험을 지지해줄 말씀을 확증할 필요가 있다.

게다가 당신은 이전 시기에 그리스도의 몸에 주어진 말씀의 계시가 현재 주님께서 하고 계시는 것을 수용하기에는 충분히 완전하다고 가정할 수 없다. 종교개혁 이전의 일상적인 그리스도인 믿음은 루터가 주님께로부터 받은 새로운 계시를 직면해야 했다. "의인은 믿음으로 말미암아 살리라"(롬 1:17b)가 조직화된 종교를 폭탄처럼 강타했고 율법주의와 그 당시에 일반적이던 성직자/평신도 사상을 대면하였다. 그 결과로 신학 전쟁이 일어났고 루터의 평판과 생은 위험에 처하게 되었다. 지금 이를 회고해보면, 우리는 모두 의인이 믿음으로 말미암아 구원을 얻는다는 계시가 싸움을 치렀다는 것에 안도의 한숨을 내쉴 수 있다. 비록 그 시대의 제도화된 교회가 그것을 보거나 그것에 동의할 수 없었다 할지라도 그것은 하나님의 것이었음은 의심할 여지가 없다. 하나님은 개혁의 새 포도주를 담고 교회의 이전 상태에 있던 속임과 오류에 도전하기 위해 새 부대를 주고 계셨다.

새로운 것들은 많은 사람들을 끌어들이기는 힘들다. 교회 안의 많은 이들은 변화를 불편해한다. 그렇지만 하나님께서 앞으로 나아가실 때 변화는 필수적이다. 만약 이스라엘이 하나님께서 광야를 통해서 그들을 인도하시는 것으로 구름을 따르기 거절했다면 그들은 사막에서 죽었을 것이다. 그와 같이, 아마도 많은 그리스도인들이 시대의 변화를 분별하지 않았기 때문에 마르고 건조한 땅에서 걷고 있다.

마태복은 9장에서 우리는 예수님께서 세리들과 죄인들과 함께 식사를 하셨기 때문에 바리새인들의 반대에 직면하신 것을 발견한다. 그들은 거룩해지기 위해서는 그들을 불결하게 하는 다른 사람들과 함께 있는 것을 거부해야만 한다고 믿었다. 이것은 성경에 대한 그들의 해석이었고 그들의 법이었다. 비록 이러한 사고 속에서 일면 진리가 있긴 하지만 그것은 하나님의 마음에 대한 온전한 계시는 아니다. 예수님께서는 성경을 들어 대답하셨다. 13절에서 우리는 예수님께서 그들에게 "너희는 가서 내가 긍휼을 원하고 제사를 원하지 아니하노라 하신 뜻이 무엇인지 배우라 나는 의인을 부르러 온 것이 아니요 죄인을 부르러 왔노라"(마 9:13)고 하신 것을 본다.

그것은 그들에게 전혀 이해되지 않았다. 그들은 그들이 가르치기 위해 이해한 성경구절에만 제한되어 있었고 더 이상의 계시에는 열려있지 않았다. 사실, 예수님께서 그들에게 인용한 성경구절은 예수님께서 하시는 일에 대해 어떤 특별한 확증을 주기 위한 것이 아니었다. 예수님께서는 그들이 하나님의 마음을 이해할 수 있도록 기도하고 구하도록 초청을 하신 것이었다. 만약 그들이 진리를 찾기 위해 마음을 열었다면 그들은 성경구절을 찾았을 것이고, 주님께 그들의 눈을 열어 달라고 기도했을 것이며, 주님께서는 그렇게 하셨을 것이다! 그들은 신실한 베뢰아인들처럼 예수님께서 말씀하신 것이 과연 그러한가 보기 위해 성경을 찾아봤어야 했다.

이후에 제자들이 예수님께 따로 나아왔을 때 예수님께서는 그들에게 강력한 진리를 설명해 주셨다. "새 포도주를 낡은 가죽 부대에 넣지 아니하나니 그렇게 하면 부대가 터져 포도주도 쏟아지고 부대도 버리게 됨이라 새 포도주는 새 부대에 넣어야 둘이 다 보전되느니라"(마 9:17).

오래되고 종교적인 과거의 신학적 구조는 주님께서 다음 움직이심에서 행하시는 것들을 담을 수 없다. 각기의 움직임은 하나님께서 행하시는 것들에 대한 새로운 관점을 필요로 하고, 이러한 관점은 인간의 창의성이 아니라 신성한 계시에 기초하여야 한다. 하나님의 모든 움직이심 때에는 과거의 계시가 하나님께서 하시고자 하는 일을 통제하려고 하는 경직된 사고가 될 가능성이 있다. 그리고 우리가 주의하지 않으면 우리는 과거의 계시가 하나님의 다음 움직이심을 위협하는 굳어진 전통이 되도록 허락할 수 있다. 마가복음 7장 9절에서 예수님은 그 시대의 종교적인 사람들에게 "너희가 너희 전통을 지키려고 하나님의 계명을 잘 저버리는도다"라고 말씀하셨다.

이 영적혁명의 시기에 우리는 주님께 새 부대를 구해야만 한다. 우리는 빛과 진리를 계시하여 달라고 성령님을 초청하며, 성경을 부지런히 살필 필요가 있다. 자, 주님께서 우리를 혁명 가운데로 이끌고 인도하시도록 그분을 진심으로 따라가자.

> 기록된바 하나님이 자기를 사랑하는 자들을 위하여 예비하신 모든 것은 눈으로 보지 못하고 귀로 듣지 못하고 사람의 마음으로 생각하지도 못하였다 함과 같으니라 오직 하나님이 성령으로 이것을 우리에게 보이셨으니 성령은 모든 것 곧 하나님의 깊은 것까지도 통달하시느니라(고전 2:9-10)

4장

영의 사람이 일어난다
Spirit man arise

4장 · 영의 사람이 일어난다 l Spirit man arise l

전화를 들자 나의 친구이자 동료인 도나 브롬리의 딸 목소리가 들려왔다. 그녀의 목소리는 그녀의 어머니가 막 병원으로 갔기 때문에 긴급 기도요청을 하며 긴박했다. 도나의 상황은 심각해보였다-의료진들은 폐동맥경화를 예상했다. 그러한 심각한 생명 위협 상황을 알아차리고 나는 즉각 기도의 부담으로 가득 찼다. 그때 나의 집을 방문한 나의 친구 린다 파론이 합류하여 우리는 함께 신속히 코트를 걸쳐 입고 도보 기도(prayer walking)를 하기 위해 문을 나섰고, 승리의 순간까지 이것을 놓고 씨름하기로 결정했다!

그때, 나는 애리조나 메사에 살고 있었는데 이 능력 도보는 우리를 윙윙 소리를 내는 네 개의 기차레인이 있는 도시의 주 거리로 데려갔다. 나는 우리가 주님께 도나를 위한 주님의 승리의 약속을 격렬하게 요청 드리기 위해 폭풍우 치는 하늘 아래서 매우 시끄러운 장소(공격적으로 기도하며-때론 방언으로 때론 영어로-긴급하고 효과적인 기도를 드리기 위해)에 있었다는 것을 말해야 할 것 같다. 우리 기도시간 동안 내게 온 한 성경구절은 에베소서 1장 3절이었다. "찬송하리로다 하나님 곧 우리 주 예수 그리스도의 아버지께서 그리스도 안에서 하늘에 속한 모든 신령한 복을 우리에게 주시되"

에베소서 1장 3절 안에

내가 경험하고 있던 엄청난 기도의 부담에도 불구하고 나는 내게 깊은 평강이 임하는 것을 발견한 특정한 성경구절을 묵상하고 고백하면서 깊은 평강이 임하는 것을 경험했다. 나는 영 안에 풍부한 영적 기쁨을 느끼며 주님의 임재가 나를 강하게 두르시는 것을 느꼈다. 그리고 바로 그 직후에 나는 내가 에베소서 1장 3절에 기술되어 있는 영적 실재의 깊이에 들어가 있는 것을 깨달았다. 나는 소위 입신환상(trance vision)이라고 불리는 것에 들어간 것이었다. 이러한 유형의 환상에서 당신은 꿈을 꾸는 것과 같지만 여전히 깨어있는 상태이고 때때로 당신의 자연적 상황들을 의식할 수도 있다. 다른 말로 하면, 당신은 환상 "안에" 있는 것이다.

짐 골(James W. Goll)의 책 『선견자』에서 그는 입신이라는 영적 경험에 대한 몇 가지 중요한 통찰을 제공해준다.

황홀경(Ekstasis)은 또한 사도행전 10장 10절에서 베드로가 고넬료를 만나기 전 욥바의 지붕에서 경험한 환상처럼 "입신(trance)"을 의미한다. "그가 시장하여 먹고자 하매 사람들이 준비할 때에 황홀한 중에(영어로는 'he fell into a trance' 라고 되어 있다-역주, [ekstasis]: 저자 주)" 비슷한 일이 바울이 예루살렘의 성전에서 기도하고 있는 중 한 날에 일어났다. "후에 내가 예루살렘으로 돌아와서 성전에서 기도할 때에 황홀한 중에(영어로는 'he fell into a trance' 라고 되어 있다-역주, [ekstasis]: 저자 주) 보매 주께서 내게 말씀하시되 속히 예루살렘에서 나가라 그들은 네가 내게 대하여 증언하는 말을 듣지 아니하리라 하시거늘"(행 22:17-18).

입신은 황홀한 경험(ecstatic experience)의 형태이다. 우리의 시대에 입신이란 말은 뉴에이지와 사술과 연관된 연유로 나쁜 인식을 갖고 있다. 그러나 베드로와 바울의 경험은 입신이며, 그것이 다른 유형의 환상보다는 일반적이지 않다고 할지라도 의심할 여지없이 하나님께서 그분의 백성들에게 계시를 전하기 위해 선택하셔서 사용하실 수 있는 정당하고 성경적인 방법이다.[1]

내가 에베소서 1장 3절의 영적 입신과 같은 경험 중에 있었을 때 나는 모든 교통소음을 들으며 공공도로 곁의 갓길에 서 있었고 완전히 나의 환경을 인지하고 있었다. 사실 나는 내 옆에 걷고 있었던 린다에게 "이런, 내가 에베소서 1장 3절의 상황에 있어!"라고 말한 것도 기억한다. 나의 몸, 생각, 의지, 그리고 감정 모두가 내 주변에 있는 모든 것들과 접촉하며 매우 잘 인지하고 있었다는 것을 꼭 이해해주길 바란다. 내 몸으로는 애리조나 메사의 주 거리를 걷고 있었다. 그러나 나의 영은 바울이 에베소서에 쓴 부요한 실재를 만질 수 있는 영원한 영역 속에 있었다. 나는 거기서 그리스도께서 계신 천국의 영역에 있음을 알았다.

예수님께서 요한복음 6장 63절에서 "내가 너희에게 이른 말은 영이요 생명이라"고 말씀하셨다. 우리가 성경에서 읽는 기록된 말씀은 언급되는 것의 실체가 있다는 것을 상징한다. 성경 안의 계시는 살았고 영원한 실체이다. 우리가 이것을 이해할 때 성경에 대한 학문적 이해를 넘어 영적 계시로 들어가게 된다. 하나님께는 단순히 성경을 읽는 것을 넘어서는 영역이 있다. 성경은 다른 어떤 책들과 같지 않다. 그것은 성경이 요술 책이라는 것이 아니다. 다만 성경에는 영의 영역이 있다는 것이다. 우리의 눈이 열릴 때 우리는 성육신된 말씀이신 그리스도 그분 자체와 만나며 경험하게 된다. 말씀 속에 있다는 것은 말씀이시며 하나님의 로고스이신 그리스도 안에 있다는 것이다. 우리가 성경에서 단지 지적 이해만을 추구한다면 우리의 눈은 절대 열리지 않을 것이다. 그러나 그 말씀들을 영적 배고픔과 역동적인 믿음으로 접하는 사람들은 영적 진리를 보는 눈이 열리고 영의 영역으로 들어가게 되는 사람들이다. 이 작은 자들에게 아버지께서는 성경 전체에 계시되어 있는 그분의 사랑의 아들을 보여주실 것이다. 그분은 당신이 말씀을 경험하도록 당신을 이끄실 것이다.

이 에베소서 1장 3절의 경험 가운데 나는 나 자신이 있는 실제 장소를 알 수 있었다. 그것은 영의 영역이었고 그 안에는 모든 종류의 영적 축복이 있었다. 나는 내가 지혜, 은혜, 사랑, 기쁨, 조화, 번영, 건강, 힘, 그리고 은총을 경험하고 있음을 깨달았다. 당신이 영의 영역에 있을 때 당신은 당신이 이전에 자연적인 훈련을 통해서 배우지 못한 것들일지라도 즉각적으로 알 수 있다. 나는 즉시로 그러한 영적 축복의 풍부한 실재를 알게 되었다. 그것들은 내게 더 이상 단순한 말들이 아니라 나의 삶에 영원한 충격을 주는 영적 실재가 되었다.

성령님의 임재가 그때 내게 아주 실제적으로 다가왔다. 나는 언약의 자녀로서 내게 주어져 온 이러한 모든 축복들에 내가 합당하게 접속할 수 있음을 깨달았다. 나는 또한 성령님을 조종하려 붙잡지 말고 이러한 경험 속에서 어떻게 움직여야 하는지 성령님께서 가르쳐 주시도록 기다려야 한다는 것을 감지했다. 이 영역에 있는 동안에 내 안에는 그분의 인도하심에 대한 강렬한 존경, 존귀, 그리고 순복의 갈망이 일어났다. 성령님과 나 사이의 대화는 영 대 영의 대화였고 어떤 들을 수 있는 단어들이 말해지진 않았다. 나는 그분이 무슨 생각을 하시는지 알았고 그분도 나의 생각을 잘 아신다는 것을 알았다.

치유 축복을 전하기

그 경험 동안에 성령님께서는 그분이 계시하신 치유의 축복을 붙잡도록 나를 인도하셨다. 나는 그렇게 했다. 어떻게? 이 경험을 설명하는 가장 좋은 방법은 그것을 "믿음 접속(faith connection)"이라고 설명하는 것이다. 나는 믿음과 깊은 내적 확신, 강한 지식으로 내가 보이지 않는 치유의 실체를 만지고 있다는 것을 알았다. 성경은 우리에게 믿음은 보이지 않는 것들의 증거라고 하였다(히 11:1을 보라). 당신이 하나님의 믿음을 가질 때 당신은 알고 있다는 것을 알고 있음을 알게 될 것이다 (우리는 또 다른 장에서 믿음에 관해 더 이야기할 것이다). 성령님께서 인도하시는 영적 경험 중에 당신은 그분을 믿기 때문에 그분의 말씀에 반응한다. 성령님과 믿음의 동의와 협력이 있는 때에 영적 경험은 일어날 수 있다.

내가 입신과 같은 환상을 경험하는 중에 성령님께서는 내 친구 도나에게 치유의 축복을 전하도록 인도하셨다. 자연계에서 그녀는 약 240km 떨어진 캐나다 밴쿠버의 병원에 있었고 나는 애리조나 메사에 있었다. 그때 내가 어떻게 나의 친구에게 치유의 축복을 전할 수 있었을까? 내가 말할 수 있는 전부는 내가 믿음으로 성령님의 인도하심에 동의한 바로 그 순간, 나는 환상 중에 병원에 있는 도나 위에 있게 되었다는 것이다. 나는 자연계에서 어떤 것을 보는 것만큼이나 또렷하게 그녀를 볼 수 있었다. 믿음으로 나는 치유의 축복을 그녀에게 전했고 그때 즉시로 그녀가 나았다는 절대적인 확신과 함께 그 경험은 마쳐졌다. 나는 그녀의 모든 것이 정상으로 돌아가고 있음을 완전히 확신했다! 그때 저녁 이후에 나는 그녀의 딸로부터 전화를 받았고 의사가 조금 더 지켜본 다음에 밤 동안 그녀가 괜찮으면 아침에는 집으로 갈 수 있다고 말했다는 것을 전해 들었다.

　　성경은 믿는 이들이 그들의 몸이 위치해 있는 곳과는 다른 곳으로 영계에서 이동하는 그러한 경험의 정당성을 입증하는 몇 개의 예들이 있다. 한 예는 엘리사이다. 우리는 엘리사가 매우 영적으로 민감한 사람이었으며 안 보이는 영역을 통상 볼 수 있는 사람이었음을 안다. 열왕기하 6장 8-14절에서 우리는 이스라엘을 정복하기 위해 계략을 짜는 아람 왕의 이야기를 본다. 아람 왕이 이스라엘을 공격하려고 계획하는 때마다 엘리사는 이스라엘이 방어할 수 있도록 이스라엘 왕에게 아람의 특별한 전쟁 전략을 말해줬다. 이러한 일이 수없이 일어난 후에 아람의 왕은 격분하며 그의 진영에 배반자가 있어 그의 전쟁 계획을 알려주고 있다고 생각했다. 12절에는 그의 부하가 "우리 주 왕이여 아니로소이다 오직 이스라엘 선지자 엘리사가 왕이 침실에서 하신 말씀을 이스라엘의 왕에게 고하나이다"라고 말하는 것이 나온다. 엘리사는 명백히 자연계에서 몸으로 아람 왕의 침실에 갔던 것이 아니었고, 아마도 영으로나 환상 중에 갔던 것이다.

요한복음 1장 47-51절에서 우리는 나다나엘이 빌립이 나다나엘을 부르기 전에 예수님께서 그가 무화과나무 아래 있는 것을 보았다는 것에 깜짝 놀라는 것을 본다. 예수님께서 영으로 그와 함께 있었을 가능성이 있다. 경우가 어떻든지 예수님께서는 나다나엘에게 그보다 더 큰 일을 보리라고 단언하셨다. "이보다 더 큰 일을 보리라 또 이르시되 진실로 진실로 너희에게 이르노니 하늘이 열리고 하나님의 사자들이 인자 위에 오르락 내리락 하는 것을 보리라"(요 1:50-51).

고린도전서 5장 3절에서 바울은 "내가 실로 몸으로는 떠나 있으나 영으로는 함께 있어서 거기 있는 것 같이 이런 일 행한 자를 이미 판단하였노라"고 말하였다. 나는 우리가 우리와 몸으로 함께 있지 않은 자들과 심령으로 연결된 것을 표현하기 위해 "영으로는 함께 있어서"라는 용어를 사용하는 것을 안다. 그러나 고린도전서 5장 4절에서 바울이 "주 예수의 이름으로 너희가 내 영과 함께 모여서 우리 주 예수의 능력으로"라고 말한 것은 매우 흥미로운 것이다. 우리는 영에서 이동하는 것이 성령님의 완전한 지시 아래에서 가능한 것임을 안다.

이제 당신은 "당신이 환상 중에 밴쿠버로 갔을 때 당신의 영이 당신의 몸을 떠났다는 말입니까? 이것이 유체이탈 경험(out-of-the-body experience)이라는 말입니까?"라고 물을지 모르겠다. 이런 유형의 현상에 대해 내가 믿는 바를 설명하자면 이렇다. 첫째로, 나는 한 사람의 영이 그 사람이 죽기 전에 그의 몸을 완전히 떠나가는 것이 가능하다고 믿지는 않는다. 당신 안의 영은 당신의 호흡이자 생명이다. 당신의 영이 떠나가면 당신의 생명이 떠나가고, 당신의 육체를 유지할 아무것도 남지 않게 된다. 나는 심장혈관병동의 간호사로서 많은 사람들이 그들의 마지막 숨을 넘기는 것을 침대 곁에서 지켜봤었다. 영이 떠날 때 그들은 그들의 육체에 더 이상 생명이나 호흡을 갖고 있지 않았다. 때때로 우리가 성공적으로 개인의 의식을 회복시켰을 때, 그 혹은 그녀는 우리에게 그들의 속사람이 그들의 육체를 떠나갈 때 어떻게 느꼈는지를 설명하려고 했다. 그들은 심지어 그때 우리가 그들의 의식을 회복시킨 것에 대해서도 우리에게 설명하였다. 이러한 경우들에 있어서 그들은 실제적으로 죽음에서 일으켜진 것이었다. 그들 안의 생명이 떠나갔고 그들의 육체는 기능하지 않았다. 그들의 심전도 모니터는 심장의 활동이 정지했음을 나타냈고 그들의 호흡은 떠났다. 그러나 심장 마사지를 통해 그들의 생명이 돌아왔다. 이 모두는 또 다른 주제인데, 의학 처방과 수술, 그리고 다른 경우에는 기적을 통한 치유가 있을 수 있지만 우리는 어떻게 치유가 이루어지는지에 상관없이 이러한 치유의 근원이 그리스도 자체라는 것을 안다. 죽은 자를 살리는 것도 마찬가지다. 때때로 그것은 자연적인 방법으로 이뤄지고 또 다른 때에는 초자연적인 방법으로 이뤄지지만 둘 다 생명의 근원은 같다-바로 그리스도이시다.

고린도후서 12장 2절에서 바울은 "그가 몸 안에 있었는지 몸 밖에 있었는지 나는 모르거니와"라고 삼층천의 경험을 설명한다. 다른 말로 하면, 이 경험은 그에게 너무 생생하고 사실적이어서 그는 그가 "몸 밖에"(숨을 거두고) 있었는지, 혹은 그의 영으로 있었는지 확신할 수 없었다는 것이다. 그는 말할 수 없었지만 "하나님은 아시느니라"라고 결론짓고 있다.

거듭난 신자로서 당신의 영은 그리스도 안에서 살도록 만들어졌다. 만약 당신이 하나님을 경험하는 동안 "영 안에" 있다면 당신의 영이 당신의 몸을 떠난 것 같을지라도 실제로는 그렇지 않다. 당신의 영은 단순히 성령님의 영향과 영감 아래서 육체의 한계를 넘어 기능할 능력이 있는 것이다.

인간의 사고 또한 육체의 한계를 넘어서 기능할 수 있다. 나의 육체는 설거지를 하고 있지만 나의 생각으로는 나의 육체를 넘어 접시로 가득 찬 싱크대 너머로 갈 수 있다. 나는 나의 생각으로 공상을 할 수 있고 아마도 하와이 해변까지 멀리 갈지도 모르겠다.

나의 생각이 육체를 넘어 사고를 펼쳐갈 수 있다 해도 여전히 생각은 육체 안에 머물러 있는 것처럼, 우리의 영도 육체를 넘어 기능할지라도 여전히 육체 안에 있는 것이 가능하다.

영에는 시간도 거리도 없다

영계(spiritual dimension)에는 시간이나 거리가 없다. 이미 언급한 바와 같이 당신이 영 안에 있을 때 한 장소에 있다가 바로 다음 순간에 성령님께서 인도하신 다른 장소에 있는 것이 가능하다. 영 안에서 걸을 때 당신은 자연계의 한계 안에 제한되지 않을 것이다. 에스겔서 8장에 기록한 바에 의하면, 선지자 에스겔은 이러한 유형의 경험을 하였는데, 주님께 들리어서 성전의 안쪽으로 가 타락을 목격하였다. 영계에서는 영원한 만남을 경험하는 것이 가능하다. 한 순간, 당신이 당신 주변의 자연 세계를 의식하고 있다가도 바로 다음 순간에 당신은 어떤 것들을 하나님의 눈으로 보도록 자연 영역을 떠나 다른 지역으로 옮겨진 에스겔과 같이 될 수 있다. 종종 보이지 않고 무한한 영역에서의 경험들은 단지 먼 생각으로 치부된다.

사랑받은 자 요한은 밧모섬에 있는 동안에 즉각적으로 "영광의 영역의 경험"을 했다는 것을 요한계시록 4장과 5장에 나오는 그의 천국 방문을 보면 알 수 있다.

성경은 또한 빌립과 같이 그가 이디오피아 내시를 주께로 인도한 후에 그의 온 몸과 혼과 영이 영적인 이동을 경험한 개인들의 예를 전해준다(행 8:36-40을 보라).

예수님께서는 부활하신 이후에 제자들이 모여 있는 방이 잠겨진 상태에서 아마도 그 중앙으로 벽을 통과해 들어가셨을 가능성이 크다. 그분은 그곳에 그분의 영으로 뿐만 아니라 그분의 몸으로도 계셨다. 바로 그때 주님께서는 도마에게 진실로 그분을 증명해보이시기 위해 그분의 손과 그분의 옆구리에 손을 넣어보라고 말씀하셨다(요 20:26-27을 보라). 많은 믿는 이들이 이러한 성경의 예에서 묘사하는 방법으로 영 안에서의 이동을 경험하고 있다. 예수님께서는 그분이 하신 일을 우리도 할 것이라고 말씀하셨다(요 14:12를 보라).

당신이 영 안에 있을 때 성령님께서 지시하시는 대로 과거, 현재, 그리고 미래를 하나님의 능력을 통해 보는 것이 가능하다. 예를 들자면, 다니엘서에서 다니엘이 예언적으로 종말의 환상을 볼 때 그는 미래를 본 것이었다. 또한 요한계시록에서 요한이 기술하고 있는 환상도 그렇다. 나는 모세가 창세기를 기록할 때에는 그가 과거를 보았다고 믿는다. 그는 출애굽기 33장 23절에서 주님께서 그분의 영광의 "등"을 보여주셨을 때 하나님께로부터 그러한 상세한 것들을 받았을 수도 있다.

그리스도 안에서 시간이나 거리의 제한이 없는 영적 경험을 한 몇몇 민감한 신자들이 있다. 그러나 모든 것들 안에서 우리는 영을 기꺼이 시험해야만 한다. 우리가 불완전한 그릇이기 때문에 기만의 가능성이 있기에 우리는 우리의 경험들을 성경에 맞춰보고 지도자의 위치에 있는 자들에게 기꺼이 순복해야 한다.

영 안에서 자연적으로 깨어서

온전한 에베소서 1장 3절의 경험 동안, 그리고 상징적으로 치유 축복을 전하는 동안에 나는 나의 자연적 환경을 의식하고 있었다. 나는 심지어 이때에 린다에게 계속 말하고 있었다. 나는 "너는 절대 이거 못 믿을 거야. 영 안에서 나는 밴쿠버로 가서 도나에게 치유 축복을 줬고 도나는 치유받았어!"라고 말했다. 나는 그것을 알았다. 나는 절대로 그런 확신을 전에 가져본 적이 없다. 나는 그 모든 시간 가운데 성령님의 지시와 인도하심, 그리고 능력 아래 있음을 알았다. 나의 영은 나의 몸으로부터 떠나지 않았지만 나는 나의 영 안에서 몸이 참여하지 않은 어떤 것을 경험하고 있었다. 이 영적 활동은 몸을 넘은 것이었지만 나의 영은 여전히 몸 안에 있었다. 나는 다시금 이것이 모두 성령님의 기름부으심과 인도하심 하에 된 것이라는 것을 강조하길 원한다.

뉴에이지에서 많은 이들이 우리가 전에 언급한 것과 같은 비현실적인 이동을 하는 영적 훈련을 하고 있다. 그러나 이러한 뉴에이지의 연습이 다른 점은 그것이 실현되느냐의 여부를 떠나서, 훈련자가 대부분의 시간에 그 자신을 실제로 악마적 존재에게 준다는 것이다. 이러한 영적 활동이 성령님의 지시 밖에 있을 때에는 성경에선 이를 명백히 금한다.

> 네 하나님 여호와께서 네게 주시는 땅에 들어가거든 너는 그 민족들의 가증한 행위를 본받지 말 것이니 그의 아들이나 딸을 불 가운데로 지나게 하는 자나 점쟁이나 길흉을 말하는 자나 요술하는 자나 무당이나 진언자나 신접자나 박수나 초혼자를 너희 가운데에 용납하지 말라 이런 일을 행하는 모든 자를 여호와께서 가증히 여기시나니 이런 가증한 일로 말미암아 네 하나님 여호와께서 그들을 네 앞에서 쫓아내시느니라 너는 네 하나님 여호와 앞에서 완전하라(신 18:9-13)

이러한 유형의 영적 경험들에서는 근원이 모든 것이다!

나는 그 저녁 에베소서 1장 3절의 경험 가운데 약 40분간 있었다. 영계에서의 나의 감각이 그 환상에서 밴쿠버의 활동 이후로는 점점 약해졌지만 우리가 우리의 도보를 마칠 때까지 나는 여전히 하나님 말씀의 신선한 계시와 강한 주님의 임재를 만끽했다. 다음날 나는 도나의 건강이 회복되었다는 소식을 받았다. 주님을 찬양합니다! 확증을 받는 것은 언제나 좋은 일이지만 이러한 특별한 상황에서 나는 그녀가 치유되었다는 것을 안다는 것을 알고 있음을 알았다! "찬송하리로다 하나님 곧 우리 주 예수 그리스도의 아버지께서 그리스도 안에서 하늘에 속한 모든 신령한 복을 우리에게 주시되"(엡 1:3).

중국에서의 사역

언젠가 나는 에브라임 산 지역에서 기도모임을 하는 중에 놀라운 하나님의 방문을 경험한 중보기도자 그룹을 뉴저지에서 만났었다. 기도 인도자가 나에게 그들이 1년간 매주 모임을 가진 것을 설명해 주었다. 그녀는 어느 특정한 날에 그들의 정기 모임 가운데 그들 모두가 예상치 못하게 성령님의 인도하심으로 중국의 감옥으로 이끌려갔던 것을 간증하였다. 그들은 각각 자신이 믿음을 지키다 붙잡혀온 크리스천 남성의 감방에 있는 것을 발견했다. 그들은 모두 그곳에서 서로를 보았다. 그들은 그에게 사역을 했고 모두 동시에 그 환상에서 나왔다. 기도 모임의 지도자는 그들에게 그들이 막 경험한 것에 관해 어떤 것도 말하지 말고 우선 쓰라고 지시하였다. 그리고 그녀는 그들의 기록 모두를 모았는데 그들 모두 일치했다. 그들은 그날 그러한 일이 일어나리라고 기대하고 기도에 들어간 것이 아니었다. 그러나 성령님께서 이끄셨다. 우리는 이와 유사한 많은 간증들을 들어왔다.

나는 내가 지금 막 설명한 영적 경험들이 많은 사람들로 하여금 주님과의 더 깊은 친밀함을 추구하고 진리를 찾도록 흥분시키고 동기부여를 한다고 믿는다. 다른 사람들에게는 나의 이야기들이 아마도 의심, 혼란, 혹은 심지어 두려움을 불러일으킬지도 모르겠다. 특별히 "새 창조의 실재"를 충분히 이해하지 못한 사람에게는 그럴 것이다. 고린도후서 5장 17절에서 우리는 "그런즉 누구든지 그리스도 안에 있으면 새로운 피조물이라 이전 것은 지나갔으니 보라 새 것이 되었도다"라는 말씀을 읽는다.

영, 혼, 그리고 몸

우리는 성경에 따라 우리가 영, 혼, 그리고 몸의 세 부분으로 이루어졌다는 것을 인정한다(살전 5:23을 보라). 창조 기사는 이 사실을 확증한다. 창세기 2장 7절에서 성경은 "여호와 하나님이 땅의 흙으로 사람을 지으시고 생기를 그 코에 불어넣으시니 사람이 생령[soul: 저자 주; 혼]이 되니라"라고 말한다.

우리는 이 구절에서 사람이 땅의 흙으로부터 사람의 육체적 형상인 몸으로 "지어졌음(formed)"을 본다. 다음으로 주님께서는 "생기"를 사람에게 불어 넣으셨다. 이 하나님의 호흡은 사람의 영이 되었다. 그것은 사람 안의 근본적 생명이다. 사람의 영, 혹은 생명을 창조한 것은 하나님의 호흡이었다. 형체를 갖춘 흙에 하나님의 호흡이 들어가자마자 혼이 생겨났다.

사람의 영은 영계와 연결되어 있고 하나님을 자각하는 곳이다. 이는 우리 존재의 가장 깊은 부분을 차지하고 영적 세계와 하나님을 감지하며 교제할 수 있다. 하나님은 영이시고 그분과 교제하는 사람들은 기도, 예배, 대화를 영계에서 진리를 따라 하는 것이다. 불행하게도 이성주의는 많은 경우에 있어서 우리에게서 영적인 그리스도인 정체성의 기쁨과 경이를 약탈해 왔다.

사람의 혼은 생각, 의지, 상상, 그리고 감정으로 이루어졌고 자아를 인식한다. 이는 우리 인격의 자리이다. 혼은 관계적인 영역과 이성적인 영역 모두에 관여되어 있다. 지능, 생각, 감정, 선택, 결정, 그리고 비전은 모두 혼의 경험들이다. 이러한 능력들은 하나님과의 관계와 사람과의 관계를 세우는 데 모두 적용된다.

물질적인 구성으로 형성된 사람의 몸은 물질계를 관계하며 세상을 인식한다. 이는 혼의 선택을 수행하며 혼과 영의 집이다. 몸은 육체적 감각과 기관들을 통해 일을 한다.

한 사람이 거듭나면 실제로 거듭나는 것은 영이다. 예수님께서 요한복음 3장 6절에서 "육으로 난 것은 육이요 영으로 난 것은 영이니"라고 말씀하셨다. 거듭나는 순간에 그리스도의 영이 사람의 영으로 들어오시고 그는 새롭게 태어남을 경험한다. 그때 그 사람은 새로운 피조물이고 이전 것은 지나간 것이다. 모든 것이 새롭게 되었다.

나는 내가 그리스도를 내 마음 가운데 모신 때를 명확히 기억한다. 나는 내가 나의 내면이 달라졌다고 완전히 확신했지만 아직 모든 것이 새로워지지는 않았었다. 비록 나는 수용되고 깨끗함을 받았으며 소망으로 가득 차고, 나의 죄들이 용서받았다는 생각에 매우 기뻤지만 여전히 육체적인 형체와 모양은 내가 기도하기 이전과 똑같았다. 나의 몸은 전혀 변하지 않았다(비록 내가 내면의 변화를 환영했을지라도 말이다). 나의 혼 또한 완전히 새롭게 만들어지지 않았다. 나는 금세 나의 생각, 태도, 그리고 반응들의 일부분은 내가 충만해지기 이전의 본성과 같이 그리스도에 반하다는 것을 발견했다.

당신이 보듯이 거듭난 것은 우리의 몸이나 혼이 아니다. 우리의 영이다. 우리의 영이 우리가 거듭나는 순간에 예수 그리스도의 본성과 인격으로 살아났다. 우리는 그분의 의와 그분의 영광으로 채워졌고 생명과 경건에 속한 모든 것을 받았다(벧후 1:3을 보라). 우리는 우리의 거듭난 영의 본성으로는 절대적으로 완전하고 온전하다.

구원은 선물이고 모든 그리스도의 영광과 완전하심은 우리에게 그분의 은혜로 주어진다. 당신의 지난 영의 본성은 당신이 거듭난 후에는 찾아볼 수 없다. 그것은 당신 자신을 투명한 음료가 든 컵에 부은 것과 같다. 그 컵에 크림을 넣으면 당신은 크림으로부터 음료를 분리할 수도, 음료로부터 크림을 분리할 수도 없다. 당신은 이제 완전히 새로운 음료가 되었다. 이전 것은 지나갔다. 당신이 당신의 삶에 그리스도의 영을 받으면 당신의 영은 완전히 새로운 생명이 된다. 더 이상 당신은 당신 자신을 그분으로부터 분리하거나 그분을 당신 자신으로부터 분리할 수 없다.

우리는 육신의 소욕을 따르지 않기 위해 우리의 영으로 하나님의 영과 조화되어 살도록 부르심 받았다. 혼이 성령님의 지시 아래 있는 거듭난 영의 인도와 역사를 따른다면 궁극적으로 영은 혼에 갱신을 불러올 것이다. 혼은 영을 지배하는 게 아니라 도리어 영에 복종하는 것이다. 사람은 지속적으로 영을 따를 것인가 육신의 정욕, 안목의 정욕, 이생의 자랑을 나타내는 혼의 지시를 따를 것인가를 선택할 것이다. 그리고 몸은 그 선택을 수행한다. 우리는 바울이 로마에 쓴 편지의 12장에서 표현한 현실 속에 살고 있다. "그러므로 형제들아 내가 하나님의 모든 자비하심으로 너희를 권하노니 너희 몸을 하나님이 기뻐하시는 거룩한 산 제물로 드리라 이는 너희가 드릴 영적 예배니라 너희는 이 세대를 본받지 말고 오직 마음을 새롭게 함으로 변화를 받아 하나님의 선하시고 기뻐하시고 온전하신 뜻이 무엇인지 분별하도록 하라"(롬 12:1-2).

우리의 거듭난 영의 인도로 사는 원칙을 더 설명하고자 한다.

나는 영적으로 무디고 공허했었다

2000년 12월에 나는 매 해의 관례대로 기도모임 중에 있었다. 나는 다음 해에 나를 순회 예언사역자로서 인도하시는 말씀을 구하며 주님을 찾는 집중적인 시간으로서 개인적인 헌신의 달을 즐기고 있었다. 이 특정한 연간의 기도기간에 나는 부지런히 매일 수 시간동안 기도, 공부, 그리고 주님의 얼굴을 찾는 것에 내 자신을 내어놓았지만 매우 무디고 영적으로 공허함을 느끼고 있었다.

한 달이 끝나갈 때쯤 나는 아직 주님으로부터 새로운 해를 위한 명확한 말씀을 받지 못했기 때문에 거의 공황상태를 느끼고 있었다. 몇 가지 답을 얻기 위해 내가 애쓴 후에 주님께서는 그분이 나를 내가 그분의 임재, 그분의 영광, 혹은 그분의 사랑을 거의 경험하지 못하는 시기로 인도하신다는 것을 명확히 하셨다. 그분은 더 나아가 내가 그분을 향한 나의 개인적인 사랑이나 열정조차 인식하지 못할 것이라는 것을 계시하셨다. 나는 공허하고 활기가 없으며 무감각해질 것이었다.

"왜요?" 내가 물었다(나는 실제로 이것이 전혀 좋은 생각이라고 생각하지 않았다).

"왜냐하면 이번 해에 나는 너에게 너의 영으로 사는 것이 어떤 것인지 가르치려 하기 때문이다." 그분이 그 유명한, 세미한 음성으로 응답하셨다. "나는 너에게 너의 영을 어떻게 강건케 하는지 보여줄 것이고 그렇게 하기 위해 나는 너의 혼이나 육에 기대는 너의 능력을 제거하고 있다."

그분은 그때 나에게 나의 영을 강건케 하기 위해 두 개의 열쇠를 주셨다. 첫 번째는 매일 방언으로 기도하며 강렬하고 저돌적으로 기도하는 것이었다. 두 번째는 하나님 말씀의 언약을 나의 삶에 매일 고백하는 것이었다. 나는 곧 감정을 제거한다면 마음을 폭력적으로 만들 힘을 일으킬 어떠한 동기부여도 없게 된다는 것을 발견했다. 그 훈련은 내가 나의 혼이나 육으로 느끼는 것으로 사는 것이 아니라, 주님께서 나의 영에 말씀하신 것에 순종하며 살도록 나를 몰아갔기에 나에게 좋았다.

흥미로운 해였다. 내 친한 친구들 중 많은 이들이 매일의 삶 가운데 주님의 영광의 현현을 수없이 경험하고 있었다. 나의 개인적 중보기도자가 어느 날 오후 늦게 전화를 했는데 그날 아침 그녀 집에서의 기도 모임에서 주님의 영광의 방문을 경험한 것에 대해 나에게 말하며 매우 흥분해 있었다. 그녀는 각 중보기도자들이 어떻게 그 모임에 나타난 영광으로 수 시간 동안 깊이 만짐을 받았는지 상세하게 설명했다.

내가 전화를 끊은 지 얼마 되지 않아 또 다른 친구이자 동료가 방문하기 위해 왔는데 그녀는 "광채 나는 사람"이었다. "영광의 빛"이 그녀를 덮고 있었고 그녀는 그날 아침에 주님과 심령의 교제를 나누는 친밀한 장소에 깊이 들어갔을 때 경험한 놀라운 전수를 설명하기 시작했다.

나의 경우에 있어서 나는 무감각하게 느껴졌고 어떤 자긍도 느낄 수 없었으며 분명히 "영광의 빛"을 경험하고 있지도 않았다. 당신은 개인적으로 당신이 그리스도의 몸에 혹과 같은 자라고 느끼는 시기를 경험한 적이 있었는가? 당신은 내가 모든 사람이 만짐 받고, 취하며 방문을 받고, 영광을 경험한다고 한 의미를 안다. 그런데 당신은? 아무것도… 공허하고… 메마르다. 분명히 당신에게 거절, 고립, 그리고 버림받음의 두려움에 대항해 싸울 엄청난 기회가 주어졌다. 어쨌든, 내가 "기뻐하는 자들과 함께 기뻐하기"로 결정했을 때 한 생각이 내게 왔다. 나는 그들만큼 큰 영광 안에, 그분의 임재 안에, 그리고 그분의 능력 안에 있다. 나의 혼과 육이 지금 바르게 느끼지 않는 것일 뿐이다. 내 영 안에서 모든 것을 취하리라. 그것은 확실한 하나님의 생각이었다!

그것은 단순히 하나님의 사랑받는 자녀로서 나의 입지를 옹호하거나 변호하기 위해 나온 생각의 흐름이 아니었다. 그것은 실재이자 진리였고 나는 바로 그 생각에서 풀려 나왔다. 우리는 그리스도 안에 거하는 만큼 완전하다. 그분이 우리 안에 계시다. 그분은 영광의 왕이시다. 그분은 영광의 소망이시다. 그분은 영광이시고 우리를 향한 그분의 약속들은 하나님의 언약 자녀인 우리에게 예와 아멘이 된다!

십자가에서 그분은 이미 우리를 위해 하늘에서 모든 영적 축복을 부으셨다. 그분은 우리가 즐거워하도록 모든 것들을 공급해 오셨다. 우리는 그분께 가까이 가고 그분을 느끼거나 그분의 다양한 축복들 중의 하나를 얻기 위해 계속 소망하며 기도할 필요가 없다. 그분은 우리가 왕국의 모든 것을 접할 수 있도록 이미 십자가에서 완전히 행하셨다.

영광의 영역에서

주님께서는 우리 모두를 우리의 영으로 살도록 부르고 계신다. 우리의 영 안에서 우리는 지금 상태보다도 그분과 더 가까이 있을 수 없다. 우리의 영은 필연적으로, 그리고 영원히 주님과 함께 있고 그분의 온전한 왕국과 함께 있다. 우리가 우리의 영을 아는 만큼 우리는 우리에게 영광의 영역, 영계가 가능하다는 것을 더 감지하게 될 것이다.

혼과 영을 가르는 것은 말씀이다(히 4:12을 보라). 우리의 거듭난 영은 우리의 생각, 감정, 또는 환경과 상관없이 하나님 말씀의 진리와 붙어 있다. 우리가 우리 영의 행사와 더 친밀해질수록 우리는 하나님의 말씀, 그분의 뜻, 그리고 그분의 방법들에 대해 더 민감하게 될 것이다. 우리는 우리 영의 본성을 더 자각하기 시작함으로 초자연적인 것을 경험하고 분별하기 시작하게 될 것이다. 우리의 감정들은 수시로 오르락 내리락한다. 그것들은 우리를 실망시킨다. 우리의 생각들은 우리를 속인다. 그러나 우리의 거듭난 영들은 반드시 모든 때에 그분의 임재와 그분의 진리로 채워진다.

주님께서는 나를 이 "나의 영으로 걷는 시기" 가운데 믿음으로 거의 1년간 지내는 여정으로 인도하셨다. 모든 과정 가운데 때때로 잠시 쉬기도 했지만 거의 대부분의 시간에 나는 매우 건조함을 인식하고 극단적으로 공허함을 느끼며 살았다. 그럼에도 이 과정 중에 나의 영 안에서 진리가 강하게 일어나고 새 창조의 실재를 각인하게 되었다. 나는 나의 감정으로 살지 않았다. 나는 감정적으로 아주 마비되었다. 나는 나의 논리들로 살지 않았다. 그들은 혼란스러웠다. 그리고 나는 나의 삶과 사역의 모든 영역이 깊고 고통스러운 방법으로 도전받는 매우 끔찍한 수준의 영적 전쟁을 경험했다. 그러나 나의 영은 강하게 되었다. 나는 항상 기댈 진리를 갖고 있다. 나는 모든 것을 이기고 서는 나의 영의 안전함으로 살 수 있다. 나의 삶에 대한 하나님 약속들의 선포와 방언으로 기도한 매일의 시간이 진실로 나의 영에 확증이 되었다.

나는 매일 기도와 말씀 선포 훈련에 들어가기 위해 실제로 나의 의지를 발동해 선택해야만 했다. 내가 기도하는데 영감을 느꼈는가? 절대적으로 아니다. 하나님 말씀의 진리를 선포할 때 기름부으심을 느꼈는가? 아니다. 육신의 생각은 영을 거스른다.

> 육신의 생각은 하나님과 원수가 되나니 이는 하나님의 법에 굴복하지 아니할 뿐 아니라 할 수도 없음이라(롬 8:7)

당신이 동기부여나 영감을 느끼지 못할 때 어떠한 것이든 좋은 성경의 고백을 불러일으키는 것은 어려운 일이다. 당신의 생각이 텅 비고 당신의 열정이 남아있지 않다. 비록 나는 영감을 느끼지도 못했지만 나는 지속적으로 순종을 택했다. 나는 성경을 살펴 내가 누구인지를 선포할 구절들을 찾아서 그것들을 적었다. 매일 나는 이러한 고백들을 적어도 한 시간씩 하도록 나 자신을 훈련했다. 그 고백들은 지금 『포고』(Decree)라는 제목의 소책자로 쓰여졌지만 그때에는 매우 큰 종이로 수 페이지였다. 나는 나의 육신과의 싸움에서 이겨야 했다. 나는 주님의 지시하심을 믿었다. 순종을 낳는 것은 믿음이다. 되돌아보면 그 훈련들이 나의 삶과 사역에 짜여져서 어려운 상황들 속에서도 깊은 평강과 보호하심, 그리고 내적 확신으로 서 있을 수 있도록 힘을 주고 있다. 나는 진실로 "보는 것이 아니라 믿음으로 행한다"는 것의 의미를 배웠다.

그 시기의 끝에 이르러서 나는 이 믿음의 걸음을 사랑하는 것을 배웠다. 그것은 내가 상황들 밖의 감정의 영역에서 영적 경험을 즐기기 싫어한다는 것이 아니다. 나는 명백히 그런 경험하기를 좋아한다. 나는 절대적으로 주님께서 그분의 자녀들이 그분과 매일 영적 활동들을 즐기기 원하신다고 확신한다. 그것이 내가 이 책을 쓴 이유이다. 그렇지만 내게 더욱 귀한 것은 심지어 우리 주변의 모든 것이 무감각하고 죽고 흔들릴지라도 그분의 진리는 영원하고 불변하며 우리의 영 안에서 흔들림이 없다는 것이다. 이러한 경우들에 있어서, 당신이 그리스도 안에서 누구인가 하는 진리 위에 서서 믿음으로 걷는 것이 실제로 당신의 경험이 된다. 우리는 하나님을 경험하길 추구하면서 우리가 느낄 수 있도록 만짐을 받았던지 아니던지 간에 우리의 하나님과의 관계를 완전히 확신할 수 있다. 우리는 진실로 그분의 위대하심과 영광으로 축복받고 채움 받아왔다. 왕국은 우리의 집이다.

그리스도의 어떠함은 우리가 그분 안에서 어떠한가 이다. 그리스도가 가지신 모든 것은 우리가 그분 안에서 가졌다. 그분의 친밀하고 존귀한 언약 자녀들로서 그분 임재의 충만함을 탐험하는 초대가 우리 앞에 놓여 있다. 자, 우리 하나님 말씀의 실재로 들어가보자. 그분의 모든 축복들을 받아들이고 그분의 경건을 경험하자. 우리는 진실로 그리스도 예수 안에서 새로운 피조물이기 때문이다. "이전 것은 지나갔으니 보라 새 것이 되었도다"(고후 5:17b).

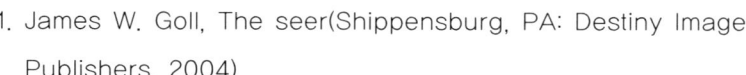

미주

1. James W. Goll, The seer(Shippensburg, PA: Destiny Image Publishers, 2004).

5장

가장 중요한 연결고리
The vital connector

5장 · 가장 중요한 연결고리 | The vital connector |

그리스도의

전 존재와 주님께 속한 모든 것은 거듭난 우리의 영적 본성 안에서 그리스도를 통해 우리의 소유이다. 이 사실을 우리는 앞장에서 이미 확인하였다. 거듭난 하나님의 자녀인 우리가 주님 안에서 어떤 존재인가를 믿음으로 받아들일 때, 우리 삶의 모양과 형태가 전혀 달라진다는 사실도 배웠다. 십자가상에서 이루신 그리스도의 구속사역으로 말미암아 생명과 경건에 속한 모든 것이 이미 우리의 것임은 자명하다. 여기에는 우리가 하나님 나라 안에서 충만하고 승리하는 삶을 살아가는데 필요한 모든 것들이 포함된다. 예를 들면, 용서, 자비, 공급, 건강, 치유, 힘, 주님의 임재, 천사의 방문, 하나님의 불, 하나님의 영광, 영적 환상, 성령님과의 교지 등.

많은 이들이 제기하는 질문이 있다. "그렇다면 우리가 어떻게 해야 매일매일 천국의 보화들을 이 땅으로 끌어내려서 사용할 수 있을까요?" 해답은 간단하다. 믿음을 사용하면 된다! 믿음은 그리스도께서 십자가상에서 이미 성취하신 구속사역을 통한 언약적인 축복들을 우리의 일상생활 속으로 끌어당기는 연결고리이다.

믿음이라는 작은 연결고리

영광스런 천국의 영역을 체험하려면 우선 어떻게 해야 믿음을 풀어놓을 수 있는지를 이해하는 것이 무엇보다 중요하다. 자, 우리는 어떻게 구원을 받았는가? 물론 믿음으로이다. 우리가 어떻게 보좌의 은혜를 체험할 수 있을까? 믿음을 통해서다. 우리가 어떻게 주님과 교제할 수 있는가? 믿음으로이다. 영광의 구름 속으로 들어가는 방법은 무엇인가? 믿음으로이다. 어떻게 해야 천사들을 볼 수 있는가? 이것도 믿음으로이다. 주님의 임재를 어떻게 감지할 수 있는가? 믿음으로이다. 영적 체험에 관련해서는 지나치게 신비주의적인 것은 없다. 모든 영적 체험은 절대 무오한 하나님의 말씀에 기초한다. 또한 믿음이라는 작은 연결고리가 모든 영적 체험을 가능케 만들어준다.

믿음은 하나님 나라에 관한 온갖 영적 체험의 발판이 되는 가장 근본적인 힘이다. 히브리서 11장 6절은 이렇게 말씀한다. "믿음이 없이는 기쁘시게 못하나니 하나님께 나아가는 자는 반드시 그가 계신 것과 또한 그가 자기를 찾는 자들에게 상주시는 이심을 믿어야 할찌니라."

히브리서 11장 1절은 다음과 같이 선포한다. "믿음은 바라는 것들의 실상이요 보지 못하는 것들의 증거니." 달리 말해, 믿음은 소위 천국의 보화들을 '다운로드해주는 장치(downloader)' 혹은 연결고리이다. 본장에서 우리는 믿음에 관해 세밀하게 분석하며 살펴보려고 한다. 학창시절에 나는 생물학을 퍽 좋아했다. 특히 작은 동물들을 절개한 뒤, 복잡하게 얽혀있는 내장들을 파헤치고, 각각의 장기들이 어떤 기능을 하는지 살펴보는 일은 정말 재미있었다. 자, 믿음의 입문과정에 와주신 여러분들을 환영한다. 실험실 가운을 입으시라. 이제 믿음을 관찰해보기 위해 연구실 안으로 들어가자.

약 20년 전, 캐나다 밴쿠버에서 열린 한 컨퍼런스에서 있었던 일이다. 그곳에서 나는 유명한 기독교 설교가인 제리 세이블(Jerry Savelle)로부터 믿음에 관한 설교를 들었다. 나는 그 설교의 내용을 결코 잊을 수가 없다. 이미 여러 해 동안 그 메시지를 계속해서 묵상해왔으며, 실제로 삶에 적용해보기도 했다. 뿐만 아니라 강의를 위한 주제들로 발전시켜 그동안 세계 전역을 다니며 이를 가르쳐오기도 했다. 그 메시지의 내용을 간략하게 요약해보면 다음과 같다.

믿음은 듣는다

로마서 10장 17절은 이렇게 말씀한다. "그러므로 믿음은 들음에서 나며 들음은 그리스도의 말씀[레마]으로 말미암았느니라." 믿음은 듣고 귀 기울이는 자세에서 나온다. 본문에 언급된 '레마(rhema)'란 일반적으로 성령님이 우리 마음속에 넣어주시는 살아있는 말씀을 의미한다. 레마는 구체적이고 특정한 상황에 적용할 수 있는 살아있는 말씀으로서, 성령님의 감동하심을 통해 우리에게 전달된다. 레마는 실제적인 성경구절(일반적으로 '로고스'라 칭함. 물론 이외에도 로고스는 다양한 의미로 사용되고 있다)에 대한 통찰일 수도 있고, 지식의 말씀일 수도 있으며, 예언적 메시지일 수도 있고, 아주 세미한 음성일 수도 있다. 그러나 공통적으로 레마는 어느 특정 상황에서 그리스도의 공급하심이나 승리에 대한 믿음을 불러일으키는 역할을 한다.

문제에 빠졌던 나의 아들 이야기

우리 아들은 십대 초반이었을 무렵에 어느 골치 아픈 문제에 빠져든 적이 있었다. 구체적인 내용들을 파헤치는 과정에서, 우리는 아들을 자리에 앉혀놓고 전체적인 상황에 관해 찬찬히 설명해주었다. 대화를 주고받는 동안 그의 태도는 매우 공손하고 수용적이었다. 이런 노력에도 불구하고 우리는 아들의 탈선행위를 막을 수가 없었다. 그는 우리를 염려케 하는 행위들을 여전히 멈추지 않았다. 심지어 생명에 위협이 될 만한 불법적인 행위도 저질렀다. 당시 나는 노련한 기도의 용사로서 이미 여러 해 동안 기도에 관한 세미나에서 강의도 해왔고, 중보기도 모임도 인도해오고 있었다. 나는 기도에 관한 지식을 총동원하여 내 아들의 문제를 해결해보려고 애를 썼다. 그러나 만사는 점점 더 힘들어져만 가는 듯했다. 그런 상황 속에서 나는 완전히 공포와 두려움에 사로잡혔다. 기도를 열정적으로 해보려고 시도해보았으나, 돌파구는 조금도 보이지 않았다.

삶에 근심이 찾아오기 시작했다. 근심은 나의 생각과 감정까지 사로잡았다. 전쟁을 치르느라 나는 몹시 지쳐가고 있었다. 부모들은 자녀들을 너무도 사랑하며 이들이 주님의 사랑과 의로움 안에서 안전하게 보호받기를 몹시도 바란다. 그런데도 자녀들이 여러 가지 위험한 행위들을 저지르는 것을 볼 때면 도무지 납득할 수가 없다. 사실상 내 안에서의 염려, 두려움, 공황 등 온갖 불신앙의 증상들은 믿음이 정상적으로 기능하지 못하도록 방해하고 있었다. 마귀는 이런 상황을 틈타 마음대로 활개를 치려하고 있었다.

결국 아들의 행동들과 관련된 모든 상황은 기하급수적으로 악화되어 갔다. 어느 날 밤 극심한 고통으로 울부짖고 있을 때였다. 문득 이사야 59장 21절의 말씀이 강력한 레마로 나에게 부딪혀 왔다. 나는 얼른 성경을 찾아들고 기대감을 가지고 읽어 내려갔다. "여호와께서 또 가라사대 내가 그들과 세운 나의 언약이 이러하니 곧 네 위에 있는 나의 신과 네 입에 둔 나의 말이 이제부터 영영토록 네 입에서와 네 후손의 입에서와 네 후손의 후손의 입에서 떠나지 아니하리라 하시니라 여호와의 말씀이니라."

오, 이런 세상에! 나는 폭발할 것만 같았다! 주님의 약속은 너무도 생생했고 너무도 실제적이었다! 바로 그 순간 내 마음속에 믿음이 들어왔다. 그야말로 절대 요동할 수 없는 믿음이었다. 이 레마의 말씀은 나에게 아들이 안전하게 보호받을 것이라는 완전하고 절대적인 확신을 주었다. 이런 믿음 앞에 두려움과 공포는 모두 어디론가 사라져버리고 말았다. 나는 내 아들이 하나님의 자비와 축복 속에 안전하게 살아갈 것임을 조금도 의심치 않고 믿었다. 바로 그 순간 나는 의자에서 용수철처럼 튀어올라 원수의 면전을 향해 이렇게 소리쳤다. "너는 내 아들을 차지할 수 없어. 내 아들은 언약의 자녀야. 넌 내 아들에게 한 짓을 후회하게 될 거야!"

그 후 몇 주간이 지났어도 아들의 상태가 눈에 띄게 좋아지지는 않았다. 그러나 나의 반응만은 확실히 달라져있었다! 비록 약속의 말씀이 아직 가시적인 응답으로 나타나지는 않았으나, 약속이 이루어지는 것은 이미 기정사실임을 나는 알고 있었다.

왜일까? 믿음은 들음에서 나기 때문이다. 나는 승리의 음성을 들었고, 축복을 확증해주는 하나님의 약속을 굳건하게 소유했다. 드디어 몇 개월이 지난 뒤부터 우리의 승리는 모습을 드러내기 시작했고, 마침내 나의 아들은 온전히 회복되었다. 그러나 이 전투의 승리는 이미 몇 개월 전에 드린 밤 기도 시에 확정된 것이었다. '성령의 검'인 말씀을 통해 내 안에 들어온 믿음으로 말미암아 얻어진 승리였다. 성경은 이렇게 말씀한다. "세상을 이긴 이김은 이것이니 우리의 믿음이니라"(요일 5:4).

우리 아들이 어떻게 곤경에서 돌파해 나올 수 있었는가? 우선 나는 언약을 통한 하나님의 축복들 중 하나를 발견해냈다. 그런 다음 기도를 통해 이 축복을 하늘에서 이 땅으로 끌어내렸다. 약속의 실상을 내가 당하고 있는 이 세상에서의 곤경 속으로 끌어당긴 것이 바로 믿음이었다. 승리라는 천국의 실상을 확고하게 내 몫으로 만들어준 것은 믿음이었다. 인생에서 우리가 어떤 상황에 처하게 되든지, 믿음은 성령께서 우리의 마음과 교회를 향해 하시는 말씀을 들을 수 있게 한다.

우리가 하나님의 말씀을 듣고 믿음으로 반응하려면 늘 주님의 임재 가운데 머물러 있어야 한다. 마리아와 마르다의 이야기는 주님의 말씀 듣기를 사모하고 기대하는 태도와 관련하여 최상의 사례를 보여준다. 마리아는 예수님의 발치에 앉아 주님의 말씀을 듣고 싶어 했다. 반면에 마르다는 여러 가지 준비를 하느라 마음이 분주해져 있었다. 일상의 분주함 속에서 시간을 내어 주님의 발 앞에 앉아 주님이 하시는 말씀을 듣는 일은 매우 중요하다.

구약성경의 하박국 선지자처럼 우리는 영적 귀를 활짝 열어놓고 주님의 말씀에 늘 귀 기울이며 살아가야 한다. "내가 내 파수하는 곳에 서며 성루에 서리라 그가 내게 무엇이라 말씀하실는지 기다리고 바라보며 나의 질문에 대하여 어떻게 대답하실는지 보리라"(합 2:1).

하나님 나라에 관한 다양한 영적 체험에 있어 성령님의 인도하심에 온전히 따라가려면, 무엇보다 주님의 말씀을 마음으로 듣는 것이 가장 중요하다. 이렇게 해서 얻어진 믿음은 우리를 하나님 나라의 체험과 승리로 인도해주는 문이 된다.

믿음은 본다

믿음은 언제나 하나님의 눈과 하나님의 관점으로 본다. 창세기 13장 14-15절에서 하나님은 아브라함에게 믿음의 비전(vision)을 보여주신다. 롯을 떠나보낸 아브라함에게 하나님이 나타나시어 함께 대화를 나누신다. "너는 눈을 들어 너 있는 곳에서 동서남북을 바라보라 보이는 땅을 내가 너와 네 자손에게 주리니 영원히 이르리라." 이 말씀을 달리 표현하면 다음과 같다. "아브라함아, 네가 저것을 보기만 해도 네 차지가 될 것이다."

많은 경우에 우리의 비전은 지나치게 작거나 왜곡되어 있다. 우리가 자주 넘어지고 실패하는 이유도 여기에 있다. 사람들은 종종 자신을 거짓된 안경을 통해 '본다.' 그리하여 스스로를 실패자요, 결함이 있는 자요, 쓸모없는 자로 믿는다. 사람들이 자신을 어떻게 바라보든, 바라보는 모습 그대로 변하게 될 것이다. 정말 안타까운 일이 아닐 수 없다. "대저 그 마음의 생각이 어떠하면 그 위인도 그러하다"(잠 23:7).

우리가 가진 사고의 틀이 실제로 삶에 어떠한 영향을 미치는지 예를 들어 살펴보도록 하자. 성경은 우리를 가리켜 "제[그리스도]의 안에서 하나님의 의"(고후 5:21)라고 말씀한다. 당신은 이 말씀이 믿어지는가? 당신은 자신이 하나님과 올바른 관계에 있다고 믿는가, 아니면 늘 빗나가 있고 끊임없이 죄나 실패와 투쟁하고 있는 자라고 믿는가? 당신이 만사를 부정적인 입장에서 본다면, 당신의 모습은 당신이 믿는 대로 혹은 당신이 '보는 대로' 되어갈 것이다. 당신은 자신을 죄인이라고 보는가? 그렇다면 당신은 언젠가는 반드시 죄를 지을 것이다. 당신은 자신을 의로운 존재로 보는가? 그렇다면 당신은 의로움 가운데 살아갈 것이다. 하나님의 말씀이 당신을 의롭다고 말씀하기에 당신은 의로운 자이다. 참된 것을 믿기 시작하라. 그리고 그 진리의 비전을 당신의 마음속에 입력하라. 당신이 보거나 이해하는 바가 당신의 행동과 존재를 그대로 빚어갈 것이다.

사실 vs. 진리

사실(fact)과 진리(truth)는 크게 다르다. 당신이 오늘 어떤 죄악된 행위를 저질렀다면 이는 하나의 '사실'이 될 수 있다. 당신이 이미 저지른 일에 대해 굳이 부인할 필요는 없다. 당신은 자신의 행위를 시인할 수도 있고 시인하지 않을 수도 있다. 그러나 이것이 단지 하나의 '사실'일 뿐임을 기억하라. 사실은 일시적이지만 진리는 영원하다. 진리는 언제나 사실을 압도한다. 이 같은 특별한 시나리오에서 과연 진리는 무엇일까? "만일 우리가 우리 죄를 자백하면 저는 미쁘시고 의로우사 우리 죄를 사하시며 모든 불의에서 우리를 깨끗케 하실 것이요"(요일 1:9). 이미 끝났다. 죄책감도 수치도 없다. 당신은 다음과 같이 말할 수도 있다. "그런데 저는 정결케 되었다거나 용서받았다는 느낌이 들지 않아요." 믿음의 영역에서는, 진리에 상반되는 느낌들은 아무런 효력을 가질 수 없다. 당신은 그리스도 안에서 완전히 의로운 존재이자 절대적으로 의로운 존재이다. 당신이 느끼든 느끼지 못하든 이것은 진리이다. 진리는 언제나 사실보다 우위에 있다. 당신의 삶과 행동은 결국 당신이 실제로 믿는 바와 똑같이 변해갈 것이다.

자, 이제는 이 원리를 영적 체험의 영역에 적용해보기로 하자. 당신은 자신이 하나님의 영광의 임재를 체험할 수 있는 자임을 믿는가? 당신은 스스로를 영적으로 민감한 하나님의 자녀라고 보는가? 당신은 믿음의 눈으로 보좌와 천사들, 주님의 영광의 구름 등에 관한 진리의 실상을 볼 수 있다고 믿는가? 이 질문들에 대한 당신의 대답은 초자연적인 영역에 대한 체험과 영적 환상에 대한 민감성에 결정적인 영향을 미칠 것이다. 요한계시록 3장 18절에서, 주님은 라오디게아 교회에게 심지어 '안약'을 사서 눈에 발라 보게 하라고까지 충고하셨다.

당신은 지금 무엇을 보고 있는가? 달리 말해, 성령님으로 말미암아 당신이 알고 있는 것은 무엇인가? 혹은 성령님이 주시는 통찰을 당신은 어떤 식으로 이해하는가? 믿음은 하나님의 관점으로 보기 마련이다. 영적인 비전은 훈련될 수 있고 보다 민감하게 만들 수 있다. 그 방법은 무엇인가? 하나님의 말씀을 묵상함으로써, 또한 하나님의 말씀으로 우리의 인생과 천국, 영적인 세계 등에 관한 비전을 새롭게 함으로써 가능하다. 하나님의 말씀만이 최종적인 권위를 지닌다. 만일 당신이 하나님의 말씀이 지닌 계시를 통해 무언가를 바라볼 때, 이제 당신은 그 축복이 삶 속에 가시적으로 나타날 것임을 믿을 수 있다. 신명기 29장 29절의 말씀을 들어보자. "오묘한 일은 우리 하나님 여호와께 속하였거니와 나타난 일은 영구히 우리와 우리 자손에게 속하였나니 이는 우리로 이 율법의 모든 말씀을 행하게 하심이니라."

언젠가 한 크리스천 사역자와 대화할 기회가 있었다. 나는 우리가 하늘에서 차지하고 있는 위치에 관해 이야기했다. 내가 단순히 믿음을 통해 하나님의 약속의 실상 가운데로 들어감으로써 정기적으로 다양한 천국체험을 할 수 있게 된 이야기도 신이 나서 간증했다. 그런데 내가 말하는 계시와 체험에 관해 그 사역자는 다소 혼란스러워하며 이렇게 말했다. "저에게는 안 보여요. 믿어지지가 않아요." 전혀 뜻밖의 반응에 나는 내 안에 계신 성령님이 통찰을 주실 때까지 잠시 기다려야 했다.

"안 보인다구요?" 나는 손으로 성경을 가리키면서 다시 그에게 물었다. 그래도 그의 대답은 여전했다. "네, 당신이 보는 것이 제 눈에는 안 보여요." 나는 존경심과 아울러 확신을 가지고 그에게 말했다. "음, 당신이 볼 수 없다면 소유할 수도 없어요. 저는 그걸 보고 체험적으로 누리고 있답니다." 성령 하나님이 계시해주시지 않는 한, 당신은 그것을 '볼' 수 없다. 종종 하나님은 어떤 것들은 우리가 받을 준비가 될 때까지 숨겨놓으신다. 주님은 우리가 배고픈 자가 될 때까지 기다리신다. 때로는 성경에 대한 학문적인 이해가 주님이 우리에게 보여주시려는 것들을 가로막는 방해물이 된다. 이러한 것들은 성경구절 이면에 깊이 숨겨져 있기에 참된 굶주림으로 애써 찾아내려는 자들의 눈에만 발견된다. 내가 깨달은 한 가지 사실이 있다. 내가 주님의 영광에 관해 보다 더 깊은 계시를 보여 달라고 간구하면, 주님은 더 많은 것들을 나에게 허락해주신다. 주님은 주린 영혼을 만족케 해주시지만, 갈망하지 않는 자에게는 계시를 숨겨놓으신다. 나는 단지 어린 아이 같은 믿음과 순전한 마음으로 주님께 나아간다. 주님, 우리의 눈을 열어 날마다 신선한 주님의 진리를 보게 하옵소서. 바울이 에베소 교회를 위해 다음과 같은 기도를 드린 것도 바로 이런 이유 때문이 아니었을까?

우리 주 예수 그리스도의 하나님 영광의 아버지께서 지혜와 계시의 정신을 너희에게 주사 하나님을 알게 하시고 너희 마음눈을 밝히사 그의 부르심의 소망이 무엇이며 성도 안에서 그 기업의 영광의 풍성이 무엇이며 그의 힘의 강력으로 역사하심을 따라 믿는 우리에게 베푸신 능력의 지극히 크심이 어떤 것을 너희로 알게 하시기를 구하노라(엡 1:17-19)

믿음은 말한다

우리는 늘 믿는 바를 말한다. 예수님도 말씀하시지 않으셨던가. "이는 마음에 가득한 것을 입으로 말함이라"(마 12:34). 입에서 나온 말은 하나님의 생기를 지니고 있을 때 매우 강력한 힘과 창조력을 발휘한다. 예수님은 예수님의 말씀이 곧 영이요 생명이라고 하셨다(요 6:63). "믿음으로 모든 세계가 하나님의 말씀으로 지어진 줄을 우리가 아나니"(히 11:3). 우리가 하나님 나라에 관한 진리를 고백하고 선포할 때, 우리의 영 안에 골격이 형성되기 시작하고, 마침내는 문자 그대로 우리의 삶에 가시적인 영향력으로 나타난다.

매일매일 고백하라

나는 하나님의 말씀을 날마다 습관적으로 고백하며 살아간다. 나는 나의 인생과 결혼, 자녀들, 친구들, 사역 팀, 교회를 위한 축복의 말씀을 입으로 선포한다. 내가 하나님의 약속들을 고백하는 이유가 무엇일까. 이는 내가 그 약속들을 믿기 때문이다. 당신도 하나님의 말씀을 날마다 정기적으로 고백하기 시작하라. 이를 통해 당신은 점차 진리 안에서 강건해질 것이며, 영의 세계에 대한 민감성도 더욱 증대될 것이다. 축복들이 당신을 찾아올 뿐 아니라 당신을 바싹 뒤따라오기 시작할 것이다.

예를 들어, '회막'(주님과 더불어 기도로 교제하는 시간) 안에 들어갈 때마다, 마치 모세의 경우처럼 영광의 구름이 당신 위에 머물고 있다고 믿음으로 고백하라. 예수님은 하나님께로부터 받은 영광을 우리에게 주셨다고 말씀하셨다(요 17:22). 이 진리를 지속적으로 선포하라. 언젠가는 실제로 이루어진 것을 보며 놀라워하는 순간이 찾아올 것이다. 하나님의 약속은 언젠가는 반드시 가시적으로 나타난다. 이 순간이 되면 당신은 하나님의 영광을 실제로 몸과 감정으로 느낄 수 있을 것이다. 처음에는 아무것도 느껴지거나 감지되지 않을지도 모른다. 그래도 단순히 믿음으로 약속의 말씀을 굳게 부여잡고 하나님의 진리의 말씀을 계속 선포하라. 당신은 하나님의 약속들을 믿어도 된다. 하나님의 약속들은 그리스도 안에서 이미 당신에게 유업으로 주어졌다.

이 원리를 실제로 적용해보자. 당신은 보좌에 계신 주님의 임재를 '체험하기' 원하는가? 그렇다면 지금이야말로 하나님의 말씀을 들어야 할 때이다. 성령님께 하나님의 말씀을 생생하게 깨닫게 해달라고 구하라. 그리고 이제 하나님의 약속을 믿음의 눈으로 이해하기 시작하라. 에베소서 2장 6절은 다음과 같이 분명하게 말씀한다. "또 함께 일으키사 그리스도 예수 안에서 함께 하늘에 앉히시니." 예수님은 지금 어디에 계신가? 보좌에 계신다!(엡 1:20-21) 당신이 진정으로 '그리스도 안에' 있다면, 당신이 현재 있는 곳은 어디인가? 당신은 이 사실을 당당히 선포할 수 있겠는가? 모든 영적 체험은 성령님의 인도하심 가운데 이루어져야 하며, 반드시 하나님의 진리의 말씀에 기초하고 있어야 한다. 성경은 당신이 '보좌'에 있다고 말씀한다. 성경이 그렇게 말씀하시므로, 지금 당신은 정말 보좌에 있다! 당신의 속사람은 이미 보좌에 앉아 있다.

히브리서 4장 16절은, 때를 따라 돕는 은혜를 받기 위해 담대히 은혜의 보좌로 나아오라고 권면한다. 당신은 느낌이나 감각이 어떠하든 관계없이 이 약속의 말씀을 믿는가? 그렇다면 이를 고백하라. 큰 소리로 선포하라. "예수님, 감사합니다. 나는 은혜의 보좌에 있습니다. 나는 지금 보좌로 나아왔으며, 지금 나에게 필요한 도움, 은혜, 자비를 받고 있습니다." 왜 우리는 이 진리를 입으로 고백해야 하는 걸까? 이유는 간단하다. 하나님의 말씀이 이를 진리로 증거하고 있으며, 우리는 이를 믿기 때문이다. 믿음은 말하는 것이다. 하나님의 말씀을 믿음으로 선포하면 할수록, 우리는 말씀의 가시적인 성취를 더욱더 많이 목도하게 될 것이다. 이 원리에 관해서는 앞으로 다른 장에서도 다뤄보려고 한다. 이 원리를 통해 당신은 믿음으로 하나님의 나라에 들어간다는 것이 무엇인지 확실히 이해하게 될 것이다.

당신은 아마 이렇게 생각할 수도 있다. '아니, 어떻게 단지 무언가를 고백했다고 해서 그 일이 실제로 이루어진다고 생각할 수 있는 거죠?' 하나님 나라의 진리는 이미 지금도 실제적일 뿐 아니라 영원토록 참되다. 당신의 고백이 하나님의 진리를 실제화 시켜주는 것이 아님을 기억하라. 당신의 고백은 단지 믿음의 표현일 따름이다. 한 가지 간단한 실례를 들어보겠다. 우선 로마서 10장 8-10절의 말씀을 살펴보자.

> 그러면 무엇을 말하느뇨 말씀이 네게 가까와 네 입에 있으며 네 마음에 있다 하였으니 곧 우리가 전파하는 믿음의 말씀이라 네가 만일 네 입으로 예수를 주로 시인하며 또 하나님께서 그를 죽은 자 가운데서 살리신 것을 네 마음에 믿으면 구원을 얻으리니 사람이 마음으로 믿어 의에 이르고 입으로 시인하여 구원에 이르느니라

다음은 본문에 언급된 내용들이다.

1. 믿음의 말씀은 우리 마음에 있다.
2. 만일 우리가 예수님을 주님이라 고백하고 하나님이 그를 죽은 자 가운데서 살리신 것을 마음으로 믿으면, 우리는 구원을 얻을 것이다.
3. 사람은 마음으로 믿어 의에 이른다.
4. 입으로 시인하여 구원에 이른다.

자, 질문을 드리겠다. 우리는 언제 구원을 받는가? 그리스도의 새 생명을 내면에서 누릴 수 있게 되려면 좀 더 기다려야 하는가, 아니면 거듭나는 순간 주님이 우리 안에 들어오시는가? 우리가 새로운 피조물임을 믿고 받고 고백하는 순간 그렇게 되는 것인가, 아니면 하나님의 주권 하에 파송된 천사들의 방문이나 꿈, 환상 등을 받고 나서야 비로소 이 새로운 피조물이 활기를 띄기 시작하는가. 혹은 꿈은 다섯 번을 꾸고 환상은 세 번 보아야만 하는 것인가, 음… 그것도 아니라면 천사의 방문을 두 번 정도 받아야만 하는 것인가?

성경은 우리가 고백하고 믿을 때 구원을 얻는다고 말씀한다. 내가 예수님께 마음을 내어드렸던 어느 날 밤의 일을 결코 잊을 수가 없다. 나는 믿었다. 또한 고백했다. 그 순간 이후로 내내 나는 구원받은 체험을 날마다 믿음으로 즐기며 지내오고 있다. 왜냐하면 지금 나는 구원받은 자이기 때문이다. 그동안 주님은 나에게 여러 가지 영광스런 영적 체험들을 하게 해주셨다. 여러 번 천사의 방문도 받아보았고, 흥미진진한 천국체험도 해보았다. 그렇다고 해서 이런 영적 체험들이 내 삶의 목적은 아니다. 나는 믿기 때문에 주님을 위해 산다! 내가 받은 구원은 결코 초자연적인 영적 체험들에 기반을 두고 있지 않다. 나의 구원은 매우 실제적이고 참되다. 왜인가? 성경이 그렇게 증거하고 있기 때문이다. 나는 이것만으로도 충분하다. 성경의 증거는 믿음으로 볼 때 너무도 확실하다. 나에게 이보다 더 실제적인 것이란 결코 없다. 나는 내가 받은 구원의 깊이를 성경말씀들을 통해 탐색해보는 일을 정말로 좋아한다. 이렇게 할 때마다 성령님께서 영원의 진리를 계시해주신다. 나는 날마다 주님과 동행하고 날마다 주님을 만난다! 해답은 바로 믿음이다.

나는 늘 끊임없이 주님의 영광에 관해 입으로 선포한다. 자연적인 영역에서 주님의 영광의 실상을 체험하든 안 하든 상관이 없다. 나는 영원한 하나님의 진리의 실상 안에서 살아가기로 선택했다. 나는 믿는다. 그러기에 나는 선포한다! 나는 내가 용서받았음을, 의로운 자임을, 주님의 영원한 사랑으로 사랑받는 자임을 고백한다. 그렇다고 내가 용서받은 자라는 느낌이 언제나 드는 건 아니다. 자연적인 상태에서 때때로 정죄 받았다는 느낌도 든다. 내가 의로운 자라는 느낌도 늘 지속되는 것은 아니다. 나는 스스로 죄인임을 분명히 알고 있고, 하나님의 영광에 미치기에 나의 자연적인 삶이 턱없이 부족하다는 것도 인정한다. 내가 영원한 사랑으로 사랑받는 자라는 느낌도 늘 불변한 것은 아니다. 종종 나는 주님께 대해 대단한 실망감을 느끼기도 한다. 그러나 내가 어떻게 느끼든지, 느낌은 별로 중요하지 않다. 오직 주님의 말씀만이 진리이다. 주님이 진리이시다. 주님은 내가 용서받고 의롭고 영원한 사랑으로 사랑받는 자라고 말씀하신다. 나는 이 말씀을 실제로 믿기 때문에 입으로 선포한다. 나는 이 말씀을 고백함으로써, 말씀의 실상을 내 삶 가운데 활성화시킨다. 이렇게 할 때, 이 경이로운 진리들이 시간의 영역 속에서 아름답게 꽃피워 모습을 드러내기 시작한다. 고백은 당신의 믿음을 활성화시켜 준다.

믿음은 인내한다

갈라디아서 6장 9절의 말씀을 들어보라. "우리가 선을 행하되 낙심하지 말찌니 피곤하지 아니하면 때가 이르매 거두리라." 당신은 영적 세계를 체험해보기 원하는가? 그렇다면 반드시 진리인 언약의 약속들 위에 확고히 서 있어야 한다. 때로는 당신이 영적으로 둔감해졌다고 느껴지는 순간에도 흔들림이 없어야 한다.

이전 장에서 나는 개인적인 간증을 함께 나누었다. 주님은 내가 영 안에서 믿음으로 진리를 살아가도록 부르셨다. 내가 처한 환경이나 감정, 몸의 상태가 아무리 열악해도 상관없다. 주님의 영광의 임재에 관한 진리가 내 삶 속에 아직 명백히 드러나지 않은 순간이라도, 진리는 여전히 진리이다. 나는 진리 안에 견고히 서서 약속의 말씀들이 자연적인 영역에 가시적으로 나타날 때까지 인내하며 기다린다.

믿음의 여정을 걸어가는 동안, 약속이 성취될 기미가 전혀 보이지 않을 때면, 우리는 종종 쉽게 포기한다. 그러나 주님은 우리가 인내하기를 바라신다. 외부적인 상황이 하나님의 약속과 거리가 먼 것처럼 보여도, 주님은 우리가 끝까지 믿음 안에 거하길 원하신다. 아브라함은 자신의 아내 사라가 자연적인 출산연령을 훌쩍 넘겨버린 순간까지 변함없이 인내했다.

히브리서 11장에 소개된 수많은 믿음의 영웅들은 죽을 때까지 약속의 성취를 받지 못했지만 여전히 믿었다. 그들은 믿음으로 본향에 돌아갔고, 메시아 도래에 관한 약속은 '정한 때'에 성취되었다. 하나님의 약속이 마침내 '다운로드'되도록 만들어 준 연결고리는 바로 이 영웅들의 믿음이었다. 그들은 이 땅에서의 마지막 호흡의 순간까지도 믿음을 잃지 않았다. 그들은 믿음으로 진리를 마음속에 품고 다녔고, 평생토록 결코 의심하지 않았다. 이들의 믿음은 하나님을 몹시 기쁘시게 해드렸다. 믿음은 인내한다.

믿음은 받는다

믿음은 약속들의 실상을 받는다. 자연적인 영역에서 가시적인 성취가 아직 나타나지 않았어도 상관없다. "그러므로 내가 너희에게 말하노니 무엇이든지 기도하고 구하는 것은 받은 줄로 믿으라 그리하면 너희에게 그대로 되리라"(막 11:24).

영광의 영역과 관련된 모든 언약적인 약속들은 믿음으로 이미 우리 삶에 확보되어 있다. 믿음(faith)과 희망(hope)은 다르다. 우리는 보이지 않는 하나님 나라에 관한 영적 체험을 희망하는 것이 아니다. 우리는 이미 하나님의 나라 안에서 살아가고 있음을 믿는다. 성경이 그렇게 말씀하시기 때문이다. 믿음과 희망 간에는 큰 차이가 있다. 희망은 결코 약속들을 보장하지 않는다. 하나님의 약속들을 보장해주는 것은 믿음이다. 믿음은 받는 것이란, 문자 그대로 우리가 축복들을 실제로 부여잡음을 의미한다.

여러 해 전에 한 지인으로부터 간증을 들었다. 그녀에게는 열한 살짜리 딸이 있었다. 그 딸이 주일학교 선생님으로부터 '믿음으로 받는 법'에 대해 배웠다고 한다. 어느 날 딸이 어머니에게 피아노를 사달라고 졸랐다. 피아노를 치며 예수님을 경배하고 싶다는 것이었다. 어머니는 당시 딸에게 피아노를 사줄만한 경제적인 여건이 못 되었다. 다만 그녀는 딸에게 이 문제를 놓고 주님께 기도해보면 어떻겠느냐고 말해주었다.

이에 그 딸은 자기 방으로 돌아가 기도를 드렸다. 기도의 내용은 아주 단순했다. "하나님, 천국에는 피아노가 엄청나게 많다는 걸 잘 알고 있어요. 혹시 그 많은 피아노들 중에 하나를 저에게 주실 수 있으세요?" 그 아이는 주일학교에서 배운 성경구절 하나를 기억하고 있었다. 마가복음 11장 24절이었다. 아이는 자기가 기도한 것은 이미 받은 것이나 마찬가지라고 굳게 믿었다. 기도를 마친 후 충만해진 아이는 밖으로 뛰어나가 어머니에게 말했다. "엄마, 엄마, 하나님이 방금 저에게 피아노를 주셨어요." "그래? 피아노가 어디에 있는데?" 어머니의 물음에 그 작은 꼬마아이가 대답했다. "어, 제 영 안에 있어요. 하나님이 주시는 피아노를 제가 믿음으로 받았어요." 딸아이의 깜찍한 행동과 상상 속의 피아노는 어머니의 마음에 감동으로 다가왔다. 그러나 그때뿐으로 그녀는 딸의 고백을 두 번 다시 기억하지도 않았고, 실제로 아이의 믿음 프로젝트를 진지하게 받아들이지도 않았다.

며칠 후 온가족이 함께 교회에 갔다. 예배를 마친 후, 그 교회의 피아노 연주자가 딸에게 다가오더니 이렇게 말했다. "얘야, 지난주가 내 생일이었어. 그래서 내 남편이 생일선물로 피아노를 사주었단다. 이제까지 쓰던 피아노를 팔아서 처분하려고 생각했는데, 기도하는 중에 주님이 이 피아노를 누군가에게 선물로 주라는 감동을 주시더구나. 주님이 바로 네게 주기를 원하신다고 믿어. 내 피아노를 쓸 마음이 있니?" 물론 그 꼬마 여자아이는 무척 신이 나서 피아노 선물을 받아들였다. 그러나 조금도 놀라지는 않았다. 피아노가 자연적인 세계에 나타나기도 전에 이미 받아놓은 상태였기 때문이었다. 이 사건은 그녀에게 '믿음은 받는다'는 교훈을 매우 효과적으로 터득시켜 주었다.

매우 간단해 보이는 이 예화는 우리에게 하늘에 속한 모든 축복들을 어떻게 우리의 삶 가운데 확보해놓을 수 있는지를 잘 보여준다. 기도를 드릴 때는 이미 받은 줄로 믿으라. 하나님의 약속의 말씀에 일치하는 한, 당신은 믿는 바를 반드시 얻을 것이다.

당신은 굳이 다음과 같이 절규하듯 부르짖지 않아도 된다. "오, 주님, 천국체험 한 번만 할 수 있다면 얼마나 좋을까요. 주님의 임재를 체험할 수만 있다면 얼마나 좋을까요. 주님의 권능을 경험해볼 수만 있다면 얼마나 좋을까요." 아니다. 하나님은 당신이 바라는 이 모든 약속들을 이미 말씀을 통해 당신에게 주셨다. 당신이 해야 할 것은 오직 믿음으로 이 약속들의 실상을 당신의 삶 속으로 받는 일뿐이다. 당신이 믿음에 관한 이러한 가르침의 의미를 확실히 붙잡기만 한다면, 이제 당신의 삶은 영적혁명으로 가득 차게 될 것이다.

믿음으로 임재에 젖어들어 받다

우리의 절친한 친구 타드 벤틀리(Todd Bentley)는 젊은 나이의 매우 열정적인 복음전도자이다. 그는 믿음으로 받는 매우 효과적인 방법을 발견해내었다. 그가 자라난 환경은 아주 힘들고 비참했다. 십대 초반에 이미 여러 범죄에 연루되어 한동안 소년원에 감금되어 있기도 했다. 그 후 18세가 되었을 때, 타드는 그리스도를 영접했다. 그는 주님의 구원의 은혜로 말미암아 전혀 새사람이 되었다. 구원받은 직후 그의 마음은 복음전도에 대한 열정으로 불타올랐다. 주님이 주시는 것이라면 무엇이든 받기를 갈망했다. 그는 매일같이 하나님의 말씀에 푹 빠져들었다. 그리고 마침내 성령님과 친밀한 교제를 나누어가기 시작했다. 타드는 예전이나 지금이나 불로 충만한 사람이다!

몇 해 동안 주님을 섬긴 후, 타드는 업무관련 부상으로 인해 잠시 쉬어야만 했다. 그는 한가한 시간동안에 주님을 더욱 추구해야겠다고 결심했다. 지금 그는 이때를 가리켜 '주님의 임재에 흠뻑 젖어든 시기'라고 표현한다. 매일매일 오랜 시간 동안 경배음반을 틀어놓고 주님 앞에 앉아 임재에 흠뻑 젖어들곤 했다. 그는 사실 처음 몇 시간 동안은 주님의 임재가 느껴지지 않을 때도 많았다고 고백한다. 그래도 주님의 영광의 임재가 임할 것을 믿으면서 끝까지 포지하지 않고 성령님의 인도하심을 기다렸다. 믿음으로 임재 가운데 젖어 있음으로써 그는 마침내 실제적인 천국의 영광을 받기에 이르렀다. 믿음으로 타드는 '영광의 우물에서 마시고 있었다.' 요한복음 7장 37절에서 예수님이 말씀하셨다. "누구든지 목마르거든 내게로 와서 마시라." 매일매일 그는 이런 식으로 주님을 추구해 들어갔다. 얼마 지나지 않아 그는 천국체험을 하고 환상들을 보게 되었으며, 하늘 아버지와 더불어 마음으로 대화를 주고받기 시작했다. 지금도 여전히 타드는 날마다 주님의 임저 안에 젖어드는 시간을 통해 믿음으로 영광의 임재를 받아들이며 살아간다. 오늘날 타드는 전 세계적으로 수많은 사람들에게 구원과 치유와 축사, 표적과 기사들을 일으키는 열정적인 사역자로 쓰임 받고 있다. 그는 단순히 하늘 아버지가 천국에서 하시는 것을 본대로 따라하는 사역을 하고 있을 뿐이다. 어떻게? 바로 믿음을 통해서이다.

믿음이 없이는 결코 하나님을 볼 수 없다. 천국체험도 믿음이 없이는 불가능하다. 반면에 믿음만 있으면 모든 것이 가능하다. 오직 믿으라. 진정 믿음이야말로 보이지 않는 하나님 나라와 천국의 영광에 맞닿게 해주는 연결고리이다. 우리는 지금 영적혁명의 시기를 살아가고 있다. 이제 하나님의 백성들은 가장 거룩한 믿음을 사용하여 기적적인 표적들과 기사들을 일으켜야 한다. 하나님 나라와 관련하여 주님으로부터 위임받은 명령들에 대해 우리는 믿음으로 착수하기 시작해야 한다.

6장

셋째 하늘 체험들
Third Heaven Encounters

6장 · 셋째 하늘 체험들 | Third Heaven Encounters |

천상의 실상에 관하여는 내가 원래부터 이해하고 경험해왔던 것은 아니다. 실제로 내가 '셋째 하늘'이라는 말을 처음으로 접한 것은 몇 년 전이었다. 어느 날 한 젊은 사역자가 수화기 너머로 몹시 열광적인 음성으로 소리쳤다. "이봐요, 패트리샤! 제가 최근에 셋째 하늘에서 주님과 함께 아주 멋진 시간을 보내다 왔어요!"

이 일이 있은 후 얼마쯤 지난 뒤부터, 이 묘한 '셋째 하늘'이라는 단어는 나에게 점점 더 자주 들려오기 시작했다. 셋째 하늘 체험과 관련된 간증들도 더불어 들려왔다. 그 당시 나는 영적 민감성이 증대되는 가운데 성령님께 대해 계속해서 점점 마음을 열어가고 있던 중이었다. 나는 다양한 하나님 체험들을 향하여 조금씩 인도받고 있었다. 그런데 이 젊은 사역자의 말을 들어보니, 셋째 하늘 체험은 마치 모든 신자가 일상적으로 쉽게 접할 수 있는 경험인 듯싶었다. 1994년에 있었던 나의 천국체험은 주님의 주권 하에 이루어진 방문이었다. 그런데 이런 일들을 정기적으로 체험할 수 있다는 게 실제로 가능한 일일까? 그럴 수도 있다고 하는 그 사역자의 말이 나의 호기심을 자극했다. 내 안에 영적 갈망이 일고 있었다. 한편으로 어떤 '미지의 것에 대한 두려움' 뿐 아니라 일종의 거룩한 신중함마저 느껴졌다. 수없이 많은 질문들을 제기해보았지만, 당시만 해도 명확한 답변은 거의 얻지 못했다.

신자들이 셋째 하늘 방문체험을 할 수 있다는 사실에 관해 나는 개인적으로 여러 가지 물음들과 우려들을 품고 있었다. 결국 나는 성경 전체를 훑어보기로 했다. 성령님께서는 보이지 않는 하나님의 나라에 관한 나의 이해수준을 날마다 증대시켜 주셨다. 우리 거듭난 신자들이 어떻게 천상의 영역에 다가갈 수 있는지에 대한 이해도 갈수록 깊어져갔다.

"영적인 세계"란 무엇인가?

　성경은 영적인 세계를 가리켜 보이지 않고 비가시적이며 영원한 세계라고 표현한다. "우리의 돌아보는 것은 보이는 것이 아니요 보이지 않는 것이니 보이는 것은 잠간이요 보이지 않는 것은 영원함이니라"(고후 4:18). 영적인 세계는 비록 눈으로는 볼 수 없지만 매우 실제적인 세계이다. 사실 영적인 세계는 자연적인 세계보다 훨씬 더 실제적이다. 자연적인 세계는 시간의 한계 안에 머물러 있다. 성경은 자연적인 세계를 가리켜 일시적이고 시간에 종속되는 세계라고 말씀한다.

　나는 종종 '시간(time)'을 영원 속에 있는 하나의 실상으로 여긴다. 육중하고 무한하게 펼쳐진 공간 안에 위치한 작은 캡슐이라고나 할까. 영원의 관점으로 볼 때, 시간은 매우 작다. 시간의 영역 안에서도 우리 인생은 겨우 몇 년에 해당하는 분량을 차지하고 있을 따름이다. 성경은 이를 마치 안개와도 같다고 표현한다. 영원에 비추어보면, 시간의 테두리 내에서 살아가는 우리의 인생은 지극히 짧은 순간이다. 우리가 시간 속에서 살아갈 수 있는 기회는 오직 한 번뿐이다. 손으로 만질 수 있는 물질적이고 자연적인 것들은 모두 시간의 영역 안에서 경험되어진다.

　물질적이고 자연적인 세계를 비가시적인 영역이 둘러싸고 있다. 이를 가리켜 영적인 세계 혹은 보이지 않는 세계라고 말한다. 고린도후서 4장 18절을 통해 확인한 바와 같이, 보이지 않는 것들은 영원의 차원에 속해 있다. 예를 들어, 당신이 한 친구의 집 주방에 앉아 있다고 가정해보자. 당신은 자연적인 영역에서 보고 느끼는 것들을 묘사할 수 있다. 냉장고, 난로, 식기세척기, 의자들, 식탁, 접시들 등등. 만약 집주인이 부엌에서 빵이라도 굽고 있다면, 당신은 빵 내음이 향긋하다고 표현할 수도 있다. 당신이 가진 자연적인 감각들은 자연적인 환경들을 인식할 수 있다.

같은 부엌에서라 할지라도 비가시적인 영역은 존재한다. 이는 영적인 영역으로서, 자연적인 사람은 분별할 수 없으나 오직 영으로만 분별된다. 이 영역은 신체적인 감각으로는 보이지 않지만, 참으로 실제적일뿐 아니라 영으로는 확실히 알 수 있다. 영적인 세계는 땅 안에 또한 땅 아래에 존재하는 자연적인 영역을 둘러싸고 있다. 영적인 세계는 지구의 대기권을 뚫고 나아가 가장 높은 천국에까지 미친다.

시간의 영역 안에 살아가면서도 영의 세계를 분별할 수 있다. 열왕기하 6장 13-17절에서, 엘리사는 자신을 시중하던 자의 눈을 열어 비가시적인 영역을 '보게' 해 주시도록 기도했다. 확실히 엘리사 자신은 영적인 세계에 매우 정통한 사람이었음이 분명하다. 자연적인 세계에서는 원수들의 수가 아군의 수보다 훨씬 더 많아보였다. 그러나 영의 눈으로 보았을 때, 천군천사, 불말과 불병거가 그들을 둘러싸고 있었다. 엘리사는 비가시적인 세계를 볼 수 있었기에, 자신들과 함께 한 자가 원수와 함께 한 자보다 많음을 알고 담대할 수 있었다. 엘리사의 기도를 통해 그의 종도 영적인 세계를 보게 되었다. 당신도 볼 수 있다!

성경은 영적인 세계에는 두 나라가 존재한다고 분명히 말씀한다. 하나님의 나라와 사단의 나라이다. 마태복음 12장 22-28절에서, 예수님은 이 두 나라들의 실상에 관해 가르치셨다. 골로새서 1장 12-13절도 비가시적인 영역에 존재하는 두 나라들에 관해 언급한다. 신자들인 우리는 빛의 나라, 다시 말해 절대로 요동치 않는 나라의 시민들이다. 주님께 영광을 돌린다! 우리는 반드시 승리한다!

귀신의 세계도 실재한다. 실제로 이 어둠의 나라에는 악한 영들이 살아간다. 사단의 나라가 아무리 실제적이어도 그 나라는 이미 패배했다. 그리스도께서 몸소 마귀를 멸하셨다. 이로써 그리스도 안에 있는 우리에게는 원수의 모든 능력을 제어할 권능이 주어졌다(눅 10:19). 우리는 어둠의 영을 두려워할 필요가 없다. 사단조차도 우리의 두려워할 대상이 아니다.

하나님의 나라는 예수님이 다스리신다. 이 나라에는 하나님, 신자들, 천상의 거룩한 존재들이 살아간다. 이 나라가 지닌 아름다운 속성들은 성경에도 잘 묘사되어 있다. 사랑, 의로움, 평화, 기쁨 등이 이 나라의 속성들이다. 이 나라는 권능과 힘과 놀라운 빛으로 가득 찬 영광스런 하나님의 나라이다. 그리스도를 영접한 순간, 우리는 어둠의 나라에서 하나님의 나라로 옮겨진다.

'셋째 하늘'이란 무엇인가?

셋째 하늘은 비가시적인 하나님 나라의 영역이다. 바울은 고린도후서 12장 2절에서 '셋째 하늘'이라는 용어를 사용한다. "내가 그리스도 안에 있는 한 사람을 아노니 십 사년 전에 그가 셋째 하늘에 이끌려 간 자라 (그가 몸 안에 있었는지 몸 밖에 있었는지 나는 모르거니와 하나님은 아시느니라)."

창세기 2장 1절은 여러 개의 하늘들이 존재함을 확증해준다. "하나님은 하늘과 땅과 그 가운데 있는 모든 것을 다 이루셨다-새번역(Thus the **heavens** and the earth were completed, and all their host-New American Standard Bible)." 성경은 가장 높은 하늘의 존재에 관해서도 언급한다. "하늘과 모든 하늘의 하늘과 땅과 그 위의 만물은 본래 네 하나님 여호와께 속한 것이로되(Behold, to the Lord your God belong heaven and **the highest heavens**)"(신 10:14).

성경이 셋째 하늘의 실재를 말하고 있는 점으로 보아, 우리는 첫째 하늘과 둘째 하늘의 실재도 미루어 짐작할 수 있다. 아마도 첫째 하늘은 별들, 해, 달, 지구의 대기권이 펼쳐지는 하늘인 듯하다(시 8:3). 또한 순전히 추측이긴 하지만, 많은 성경학자들에 의하면 둘째 하늘은 귀신들의 계급이 지배하고 있는 영역으로 믿어진다. 둘째 하늘이라는 말 자체도 성경에는 언급된 바 없다. 다만 추론에 의해 붙여진 표현일 뿐이다. 다니엘 10장에는 높은 계급에 속하는 한 천상의 존재(아마 예수님 혹은 천사장일 가능성이 높다)가 바사군과 싸움을 벌이는 모습이 소개된다.

이들의 싸움은 확실히 둘째 하늘에서 일어났다. 비록 둘째 하늘이 귀신에 속한 전략들과 귀신들의 위계질서가 기능하는 기반일지는 모르나, 둘째 하늘의 소유주는 마귀가 아니다. 온 땅과 하늘들은 그리스도의 권세 하에 있다. 둘째 하늘 안에서도 천사들의 활동은 이루어진다. 둘째 하늘은 이 땅과 마찬가지로 결코 마귀에게만 속한 영역은 아니다. 이렇게까지 말은 하지만 둘째 하늘어 관한 어떠한 해석도 모두 추론에 근거하고 있음을 유념하기 바란다.

오늘날 수많은 기독교 지도자들은 셋째 하늘을 요한계시록 4장과 5장, 이사야 6장에 묘사된 하나님의 보좌의 장소로 믿고 있다. 에베소서 1장 20-23절은, 그리스도께서 앉으신 보좌는 모든 정사와 권세와 능력과 주관하는 자와 모든 이름들을 훨씬 능가한다고 분명히 말씀한다. 그곳은 하나님이 머무시는 장소이다.

어떤 크리스천들은 셋째 하늘보다 더 높은 차원이 존재하며 셋째 하늘이 반드시 보좌가 있는 장소는 아니라고 믿는다. 이들은 바울이 말한 셋째 하늘은 고린도후서 12장 4절에 언급된 '낙원(paradise of God)'일 뿐이며 이보다 훨씬 더 높은 영역도 존재한다고 제안한다. 이들의 이론이 맞을 수도 있다. 그러나 성경에는 이 점에 관해 명확한 설명도 없고, 셋째 하늘보다 높은 하늘들에 관한 구체적인 언급도 없다. 셋째 하늘보다 높은 차원의 영역에 대한 모든 견해들은 '성경 외'의 내용들이다. 그렇다고 해서 이러한 생각들을 '반성경적'이라고까지 말할 수는 없겠지만, 영적인 체험에 관한 한 성경의 테두리를 벗어나지 않는 것이 가장 지혜롭다.

당신은 천국이 어떠한 곳인지 알고 싶은가? 그렇다면 성경에 묘사된 내용들을 찾아보라. 셋째 하늘이 지닌 영광을 탐구해보기 바란다. 단왕의 왕이신 예수님의 모습, 하나님의 보좌, 생물들, 보석으로 만들어진 길들, 수정바다, 찬란한 무지개 등을 만날 수 있을 것이다. 묵상을 위한 성경구절은 다음과 같다. 이사야 6:1-8; 에스겔 1장; 다니엘 7:9-10; 출애굽기 24:9-11; 요한계시록 1:10-16; 4; 5; 19:1-16; 20:11-12; 21:1-22:7. 성경을 통해 우리는 천국의 놀라움을 조금이나마 엿볼 수 있다.

오르락내리락

창세기 28장 12절에서 야곱이 한 꿈을 꾸었다. 꿈에서 야곱은 한 사다리를 본다. 사다리의 끝은 땅에서부터 하늘 꼭대기까지 닿아 있었다. 천사들이 사다리 위를 오르락 내리락하고 있었다. 어린이들을 비롯한 수많은 신자들이 셋째 하늘 체험과 관련하여 올라갔다 내려오는 경험을 하고 있다. 과연 이러한 체험은 얼마나 확실한 근거를 지니는가? 또한 얼마나 성경적인가?

요한복음 5장 19-20절에서 예수님은 제자들에게 자신은 하늘 아버지가 하시는 것을 보고 그대로 따라하신다고 말씀하셨다. 우리는 그리스도의 가르침을 통해 우리의 하늘 아버지가 천국에 계신 것을 알고 있다(마 6:9). 아마도 예수님은 천국에서 하늘 아버지와 만나신 다음, 전략들을 이 땅의 영역으로 다운로드해 오신 듯하다. 주님은 오직 하늘 아버지가 하시는 것을 보신대로만 행하셨다. 사도행전 1장을 볼 때 예수님이 하늘로 올라가신 것은 역사적으로 실제사건이었다. 그런데 요한복음 5장 19-20절에서 우리는 주님께서 정기적으로 기도를 통해 하늘에 올라가셨음을 알 수 있다.

출애굽기 24-34장에서 모세는 산꼭대기로 올라간다. 그곳에서 그는 하나님을 만나고 천상의 체험을 한다. 한번은 천국에서 먹고 마신 적도 있었다. 이때는 이스라엘의 장로들 70인과 함께였으며, 청옥으로 된 길 위에 계신 하나님도 보았다(출 24:9-11). 이 일 후에 그들은 백성들을 위하여 하나님의 계명을 가지고 내려왔다. 출애굽기 34장에서, 천국에 머무르는 동안 함께 하신 영광스런 주님의 임재는 모세의 신체적 외모에까지 영향을 주었다. 모세가 진 안으로 내려왔을 때, 그의 얼굴에서는 광채가 났다. 그 빛이 얼마나 강렬하던지 모세는 사람들을 보호하기 위해 수건으로 얼굴을 가려야 할 정도였다.

이사야 6장에서 이사야 선지자는 환상 가운데 높이 들린 보좌에 계신 주님을 보았다. 주님의 옷자락이 성전을 가득 채우고 있었다. 그곳에서 그는 그룹들을 보았고, 인생을 완전히 변화시키는 사건과 맞닥뜨렸다. 그 후 그는 새롭게 위임받은 명령을 가지고 지상의 영역으로 되돌아왔다.

그 밖에도 천국환상을 보고 천국체험을 한 뒤 계시를 가지고 이 땅의 사람들에게 내려온 성경인물들로 요한과 바울이 있다. 이들은 모두 오르내리는 체험을 하였다.

누가 오르내릴 수 있는가?

이제까지 우리는 성경 전체를 통해 예수님과 천사들, 신구약에 나타난 수많은 신자들이 천국을 오르내린 사실을 확인했다. 오늘날의 신자들도 천국을 오르내릴 수 있다. 당신이 그리스도를 믿는 신자라면, 당신도 믿음으로 셋째 하늘에 올라가 보좌의 관점을 받을 수 있다. 당신도 성경시대의 바울과 요한, 이사야 등과 마찬가지로, 천국의 영역에 올라가서 받은 계시를 이 땅의 영역, 자연계의 영역으로 가지고 내려올 수 있다. 요한복음 1장 51절에서 예수님은 나다나엘에게 말씀하셨다. "진실로 진실로 너희에게 이르노니 하늘이 열리고 하나님의 사자들이 인자 위에 오르락 내리락 하는 것을 보리라." 예수님이 사다리이다. 우리가 천국을 오르내릴 수 있는 길은 바로 예수님이시다.

영, 혼, 몸

이전 장에서 우리는 영, 혼, 몸, 그리고 새 피조물의 실체 등이 지닌 기능에 관해 살펴보았다. 이 주제는 매우 중요하다. 특히 셋째 하늘 체험들과 관련하여 당신은 이 주제를 확실히 이해하고 있어야 한다. 당신의 거듭난 영적 본성과 몸, 혼, 영의 기능에 관한 계시를 확실히 이해하기만 하면, 천국에 관한 체험들을 이해하기는 훨씬 수월해질 것이다. 여기서 잠시 복습해보기로 하자.

당신이 거듭났을 때 거듭난 것은 당신의 영이다. 요한복음 3장 6절에서 예수님은 다음과 같이 말씀하셨다. "육으로 난 것은 육이요 성령으로 난 것은 영이니." 거듭나는 순간 그리스도의 성령이 사람인 당신의 영 안으로 들어가시고, 당신의 영은 새롭게 태어난다. 당신이 거듭날 때 당신의 속사람(spirit man)은 새로운 피조물이 되었다. 고린도후서 5장 17절 "그런즉 누구든지 그리스도 안에 있으면 새로운 피조물이라 이전 것은 지나갔으니 보라 새것이 되었도다"라고 말씀한다.

자, 거듭난 것은 혼과 몸이 아니라 당신의 영임을 아셨는가? 거듭남과 동시에 당신의 속사람은 다름 아닌 예수 그리스도의 본성과 인격으로 되살아난다. 당신은 주님으로 충만하게 되며, 주님께 속한 모든 것이 당신의 소유가 된다(벧후 1:3). 이 순간 이후부터 당신은 예수님이 십자가상에서 확보해놓으신 불변하고 영원한 언약 속으로 들어가게 된다. 에베소서 1장 3절은 하늘에 속한 온갖 축복들이 당신의 것이라고 말씀한다. 거듭난 영적 본성 안에서 당신은 절대적으로 완전하고 완벽하다.

거듭난 당신의 영은 이미 하나님 나라의 영역과 천국에 대해 친밀해진 상태이다. 당신의 영이 영원한 특성을 지니고 있음을 기억하라. 이 사실을 당신이 이해하고 믿는다면, 하나님과 만날 수 있는 영적인 문으로 들어가는 길은 어렵지 않게 발견할 수 있다. 당신은 믿음으로 당신의 새로운 영적 본성에 따라 사는 법을 배워야 한다. 또한 당신의 혼과 몸이 보이지 않는 하나님 나라의 실상들에 대해 늘 깨어있기를 기도해야 한다. 당신은 영 안에서 그리스도와 하나이다. 영원의 차원에는 시간도 거리도 존재하지 않는다. 당신은 육신의 몸을 입고 이 땅의 영역에 살면서, 동시에 하늘의 영역으로도 나아갈 수 있다.

이리로 올라오라

요한계시록 4장 1절에서 요한은 보좌로 올라오라는 초청을 받았다. 성경은 다음과 같이 기록한다. "이 일 후에 내가 보니 하늘에 열린 문이 있는데 내가 들은바 처음에 내게 말하던 나팔소리 같은 그 음성이 가로되 이리로 올라오라 이 후에 마땅히 될 일을 내가 네게 보이리라 하시더라." 요한 앞에 천국으로 통하는 열린 문이 나타나더니, "이리로 올라오라!"는 음성이 들려왔다. 이 음성의 내용이 "내가 너를 이리로 데려오겠다."가 아니라는 사실에 주목하라. 어찌됐든 요한은 "오라"는 명령에 응답해야 했다. 예를 들어 내가 당신을 나의 집에 초청한다고 하면, 이는 내가 당신을 직접 데리고 나의 집으로 오겠다는 말이 아니다. 당신이 나의 집에 오기를 원한다면 나의 초청에 응답해야 한다. 초청에 응답하기 위해 요한이 사용할 수 있는 도구는 믿음이었다. 보이지 않는 하나님 나라의 영역에서 주님과 만나려면 믿음을 사용해야 한다. 믿음의 반응이 믿음의 연결을 가능케 해준다.

골로새서 3장 1-2절은 다음과 같이 우리를 교훈한다. "그러므로 너희가 그리스도와 함께 다시 살리심을 받았으면 위엣 것을 찾으라 거기는 그리스도께서 하나님 우편에 앉아 계시느니라 위엣 것을 생각하고 땅엣 것을 생각지 말라."

수많은 크리스천들이 이렇게 말하는 걸 들었다. "천국의 사고방식을 갖는다고 해서 도대체 무슨 유익이 있다는 거죠?" 이들의 말은 아마도 균형을 잃은 듯 한 사람들의 경우를 가리키는 것이리라. 그러나 이는 골로새서 3장 12절의 말씀과는 거리가 멀다. 실제로 본문은 우리에게 위엣 것을 찾으라고, 마음과 열정을 위엣 것에 고정시키라고 강력하게 권면한다.

뿐만 아니라 히브리서 4장 16절은 이렇게 말씀한다. "우리가 긍휼하심을 받고 때를 따라 돕는 은혜를 얻기 위하여 은혜의 보좌 앞에 담대히 나아갈 것이니라." 과연 은혜의 보좌는 정확히 어디에 있는 걸까? 셋째 하늘에 있는 건 아닐까? 만일 정말 그러하다면, 주님은 성경을 통해 우리에게 '담대히 나아오라'고 재촉하는 중이시다.
다음 성경구절을 주의 깊게 읽어보기 바란다.

그리스도께서는 참 것의 그림자인 손으로 만든 성소에 들어가지 아니하시고 오직 참 하늘에 들어가사 이제 우리를 위하여 하나님 앞에 나타나시고… 그러므로 형제들아 우리가 예수의 피를 힘입어 성소에 들어갈 담력을 얻었나니 그 길은 우리를 위하여 휘장 가운데로 열어 놓으신 새롭고 산 길이요 휘장은 곧 저의 육체니라 또 하나님의 집 다스리는 큰 제사장이 계시매 우리가 마음에 뿌림을 받아 양심의 악을 깨닫고 몸

을 맑은 물로 씻었으니 참 마음과 온전한 믿음으로 하나님께 나아가자(히 9:24;10:19-22)

정말 놀랍지 않은가! 말씀의 의미가 명확히 깨달아질 때까지 몇 번이고 되풀이해서 읽어보기 바란다. 당신은 이 본문에 내포된 계시를 이해하고 있는가? 예수님은 보혈로써 우리를 위해 천국에 들어가는 길을 만들어놓으셨다. 우리 앞에는 성소로 들어가 온전한 믿음으로 주님 앞에 가까이 나아가라는 초청장이 놓여 있다.

주님의 주권적인 행위인가 아니면 믿음인가?

하나님의 주권적인 행위란 하나님이 전적으로 주도권을 쥐시고 행하심을 의미한다. 여기에는 사람의 능력이나 결심은 전혀 개입되지 않는다. 이 일은 결코 사람이 먼저 시작한 것이 아니라, 절대적인 하나님의 개입하심으로 말미암아 일어난다. 종종 주님은 주님의 목적들을 펼치시기 위해 하나님의 백성들 가운데 주권적인 행위들을 일으키신다. 이러한 행위들은 주님이 앞으로 이 땅 위에 나타내시고 이루실 일에 대한 전주곡과도 같다.

이에 대한 사례를 사도행전 1장에 소개된 성령의 부어지심의 사건에서 찾아보자. 하늘로 올라가시기 전에 예수님은 제자들에게 성령을 보내주겠다고 약속하셨다. 제자들은 기도로 준비하면서 주님의 약속이 이루어지기를 기다렸다. 그러나 그들은 앞으로 일어날 사건에 대해서 도무지 감조차 잡을 수 없었다. 성령님은 하나님의 시간에 하나님의 주권적인 역사하심으로 임해주셨다. 제자들은 모두 성령으로 충만하여 방언을 말하기 시작했다. 이제껏 한 번도 배워본 적이 없는 낯선 언어를 말하는 제자들의 모습이 정말 놀랍지 않은가! 다락방에 모였던 신자들이 방언을 말하게 된 사건은 결코 믿음으로 노력해서 이루어진 일이 아니었다. 오히려 역으로 이 사건이 그들 안으로 침노해 들어왔다.

하나님이 당신에게 임하실 것이라는 약속과 당신이 약속을 향해 나아가야 한다는 것은 크게 다르다. 예언사역의 경우에는, 하나님의 말씀이 예언자에게 임하실 때도 있고, 예언자가 하나님의 말씀을 받기 위해 나아가야 할 때도 있다.

목회사역의 분야에서도 하나님의 주권과 유사한 원리를 찾아볼 수 있다. 이따금씩 주님은 주일아침에 전해야 할 메시지를 목회자의 영 안에 자연스럽게 떨어뜨려 주신다. 이때 목회자는 메시지를 애써 준비하거나 연구하지 않아도 된다. 하나님이 목회자의 마음속에 직접 영감을 넣어주신다. 그러나 대부분의 경우, 목회자는 전할 메시지를 준비하기 위해 애써 주님 앞에 나아가야 한다. 믿음으로 메시지를 받아서 연구해야 한다. 전자의 경우가 주님의 주권적인 행위라면, 후자의 경우는 믿음으로 말미암은 행위이다. 이중 어느 쪽이 보다 더 타당한 것일까? 양쪽 모두 타당하다. 두 경우 모두 하나님으로부터 받은 순수하고 강력한 메시지가 될 수 있다. 다만 메시지가 임하는 방법만이 다를 뿐이다.

성경은 "의인은 하나님의 주권적인 행하심으로 말미암아 살리라"고 말씀하지 않는다. 오히려 성경은 "오직 의인은 믿음으로 말미암아 살리라"(롬 1:17)고 말씀한다. 하나님의 주권적인 역사하심을 체험하며 살아가는 신자들은 거의 드물다. 믿음으로 하나님의 말씀의 약속 가운데로 나아가며 살아가는 것은 모든 일반적인 신자들의 모습이어야 한다. 그리스도 안에서 모든 약속들은 이미 우리의 소유이다(벧후 1:3-4). 주님의 축복의 식탁은 이미 다 차려져 있다. 우리는 단지 믿음으로 약속을 향해 나아가기만 하면 된다.

　어떤 이들은 실제로 하나님이 인간의 의지와는 상관없이 사람들에게 은사들을 주신다고 믿는다. 몇 해 전의 일이다. 한 여인에게 복음을 전한 적이 있었는데, 그때 그 여인이 대략 다음과 같은 말을 했다. "하나님이 저를 구원하기 원하신다면, 하나님이 직접 나서서 저를 구원해주시겠죠." 그런데 중요한 것은 주님이 그녀의 구원을 원하시느냐 아니냐가 아니었다. 물론 주님은 그녀가 구원받기를 원하신다. 그녀의 구원은 그리스도께서 이미 2천 년 전 십자가상에서 확보해 놓으셨다. 그러나 그녀가 믿음으로 이 약속을 취하고 감사하지 않는 한, 주님의 구속사역은 그녀에게 아무런 유익이 될 수 없다. 다른 모든 하나님 나라에 관한 약속들도 마찬가지이다. 예수님은 이렇게 말씀하셨다. "내가 온 것은 양으로 생명을 얻게 하고 더 풍성히 얻게 하려는 것이라"(요 10:10). 요한복음 17장 24절에 나타난 예수님의 기도를 들어보자. "아버지여 내게 주신 자도 나 있는 곳에 나와 함께 있어 아버지께서 창세전부터 나를 사랑하시므로 내게 주신 나의 영광을 저희로 보게 하시기를 원하옵나이다."

　정말 놀랍지 않은가! 내 귀에는 이 말씀이 마치 셋째 하늘로 올라오라는 초대와 약속의 음성처럼 들려온다. 우리 함께 성령님의 인도하심에 따라 셋째 하늘을 향해 믿음으로 나아가는 건 어떻겠는가? 주님이 어떤 사람들에게는 주권적으로 셋째 하늘에 올라오라고 초대하실 수도 있다. 그러나 주님의 주권적인 역사하심을 전혀 체험하지 못한다 한들 어떠랴! 믿음으로 성령님이 인도하시는 대로 영광스런 셋째 하늘의 영역을 방문하여 타당한 영적 체험들을 누리면 되지 않겠는가? 당신 생각은 어떠한가?

천국체험을 위한 열쇠들

　우리의 모든 영적 체험들은 반드시 하나님의 말씀의 권위와 언약적인 약속들에 기반을 두고 있어야 한다. 다시 말하지만, 하나님의 말씀에 나타난 모든 축복과 약속들은 그리스도 안에서 이미 우리의 소유임을 기억하라. 사람이 셋째 하늘 체험을 할 수 있다는 생각에 대해 화들짝 놀라는 이들이 많다. 대부분은 셋째 하늘 체험이 소수의 특별한 사람들에게만 해당되는 것이라고 믿는다. 개인적으로 나는 셋째 하늘 체험이란 결코 놀랄만한 것도 아닐뿐더러 몇몇 특별한 사람의 전유물도 아니라고 생각한다. 셋째 하늘 체험에 대한 이해는 의외로 상당히 간단하다. 우리의 거듭난 영은 이미 하늘에 계신 주님과 함께 있다. 사실 우리는 아무데로도 갈 필요가 없다. 우리의 주소가 이미 하늘이다! 우리는 이미 보좌에 앉아 있다. 성경은 우리가 하늘에 앉아 있는 자들이라고 말씀한다(엡 1:20-23; 2:5-6). 우리는 단순히 믿음으로 이 진리를 시인하기만 하면 된다. 우리가 그리스도와 함께 하늘에 앉아 있는 자들이라고 성경이 말씀한다면, 우리는 정말 그런 것이다! 논쟁의 여지가 있을 수 없다. 성경이 말씀하는 바를 우리는 그저 믿으면 된다. 이는 결코 신비주의도 아니다. 소스라치게 놀랄만한 일도 아니다. 언젠가 한번 가보고 싶은 곳도 아니다. 말 그대로 우리는 셋째 하늘에 존재하고 있다! 이것이 바로 성경이 말씀하는 진리이다. 느낌과 상관없이 우리는 하늘에서 차지하는 우리의 영적 신분에 관한 진리를 믿음으로 받아들인다.

　영적혁명가들은 이러한 하나님 나라의 실상이 얼마나 중요한지를 잘 알고 있어야 한다. 또한 하늘의 관점을 가지고 하늘의 차원으로 살아간다는 것이 얼마나 중요한가도 인식해야 한다. 자, 이제 당신의 혼과 몸이 이미 당신의 영 안에서 실제가 된 일에 대해 좀 더 친밀해지는 방법을 알고 싶지 않은가? 당신의 정서적이고 지적이고 신체적인 경험 안에서 천국체험의 실상과 진리가 어떻게 연결될 수 있을지 궁금하지 않은가? 성령님과 보다 친밀한 관계를 누리고 싶지 않은가? 그렇다면 나와 함께 다음 장으로 여행을 떠나보자.

7장

도우시는 성령님(인도자 성령님)
The Helper or The Guide

7장 · 도우시는 성령님(인도자 성령님) l The Helper (or The Guide) l

당신은 성령님의 인격에 대해 얼마나 잘 알고 있는가? 당신은 일상생활 속에서 성령님의 임재를 인식하고 있는가? 당신은 성령님의 조언을 귀 기울여 듣고 있는가? 무엇이 성령님을 기쁘시게 하는지, 무엇이 성령님을 아프시게 하는지 당신은 잘 알고 있는가? 성령님은 모든 이들을 이끌어 모든 진리 가운데로 인도해주시는 분이다. 그러나 무엇보다도 성령님은 당신과의 관계를 갈망하신다. 바울은 이를 가리켜 성령님의 교통하심(communion)이라고 표현한다(고후 13:13). 성령님이 셋째 하늘에 관한 모든 것을 당신에게 가르쳐주실 것이다. 진리의 테두리 안에서 영적 체험을 누리는 방법도 가르쳐주실 것이다. 성령님은 결코 당신을 잘못된 곳으로 인도하시는 분이 아니다. 왜냐하면 그분은 진리의 성령님이시기 때문이다(요 16:13).

당신이 예수님을 당신의 삶 속에 오시도록 초청하건, 당신 안에 들어오시는 분은 하나님의 영 곧 성령님이시다. 성령님은 사람인 당신의 영 안에 들어와 사시면서 당신에게 새 생명을 공급해주신다(요 3:3-6). 당신이 그리스도를 구세주로 영접하기만 했다면, 지금 이 순간 성령님은 바로 당신 안에 계신다. 그리고 그분 안에는 하나님의 온갖 은사들이 있다.

사도행전 1장 5절에서 예수님은 제자들이 앞으로 성령으로 세례[침례]를 받게 될 것이라고 예언하셨다. '침례[세례-baptize]'라는 말에는 '흠뻑 담그다' 혹은 '완전히 채워지다'라는 의미가 담겨 있다. 당신이 주님께 성령으로 침례[세례]를 베풀어 달라고 요청하면(이는 구원에 수반되는 결과이다), 이는 실제로 성령님의 임재를 이미 성령님이 거주하고 계신 당신의 속사람에뿐 아니라 당신의 혼과 몸에 충만히 초청하는 일이다. 이런 식으로 하여 당신은 성령님 안에 온전히 잠기게 된다. 이는 사실상 헌신의 행위 혹은 하나님을 위한 성별됨이다.

성령 충만을 위한 최초의 요청에 연이어, 우리는 필요할 때마다 다시 채워주시도록[리필해 주시도록] 성령님께 부탁할 수 있다. 에베소서 5장 18절은 다음과 같이 말씀한다. "술 취하지 말라 이는 방탕한 것이니 오직 성령의 충만을 받으라." 본문에서 '충만(filled)'이란 단어는 현재 진행형으로 사용되고 있다. 달리 표현하여, 충만이란 당신이 채움 받고 또 채움 받고 계속해서 채움 받을 수 있다는 뜻이다! 지금 당장 시간을 내어 성령님이 어떤 분이신지 깊이 알아보기 바란다. 그분은 너무도 사랑스런 분이시다. 당신의 몸과 혼과 영을 성령님의 거룩한 임재로 넘치게 채워주시도록 그분을 초청하라. 그분은 당신의 초청에 반드시 응해주실 것이다! 당신이 천국체험을 갈망한다면, 당신의 혼과 몸을 성령님으로 충만케 하는 일은 매우 중요하다.

자, 이제 당신이 잊지 말아야 할 사실이 있다. 당신의 경험이 과연 타당한 것인지를 느낌의 여부로 결정하지 않도록 주의하라. 당신은 이미 성령님을 초청하였고 성령님은 당신의 초청에 응해주셨으므로, 지금 당신은 성령 충만한 상태이다. 성경이 이를 증거하고 있다!(눅 11:13)

다음은 신약성경에 나타난 성령님의 70가지 기능들이다. 성령님은 아래와 같은 일을 수행하시려고 당신 안에 계시고 당신과 함께 계신다.

1. 성령님은 방향을 인도해주시고 지도해주신다(마 4:1; 막 1:12; 눅 2:27; 4:1; 행 8:29; 롬 8:14).
2. 성령님은 (…에게, …안에, …를 통하여) 말씀해주신다(마 10:20; 행 1:16; 2:4; 13:2; 28:25; 히 3:7).
3. 성령님은 마귀를 쫓아낼 능력을 주신다(마 12:28).
4. 성령님은 권능을 행하신다(눅 4:14).
5. 성령님은 기름 부어주신다(눅 4:18; 행 10:38).

6. 성령님은 (사람들 위에) 내리시거나 임하신다(마 3:16; 막 1:10; 눅 2:25; 3:22; 4:18; 요 1:32; 33; 행 10:44; 11:15).

7. 성령님은 침례[세례]를 베푸시며 충만케 하신다(마 3:11; 막 1:8; 눅 1:15,41,67; 3:16; 4:1; 요 1:33; 행 1:4-5; 2:4; 4:8,31; 6:3,5; 7:55; 10:47; 11:24; 13:9,52; 고전 12:13).

8. 성령님은 거듭나게 하신다(요 3:5,8).

9. 성령님은 예배하도록 이끌어주신다(요 4:23).

10. 성령님은 영의 사람 속에서 강물처럼 흘러나오신다(요 7:38-39).

11. 성령님은 진리로 일하신다(요 14:17; 15:26; 16:13).

12. 성령님은 안에 거하신다(요 14:17; 롬 8:9,11; 고전 3:16).

13. 성령님은 위로, 건강, 힘을 주신다(요 15:26; 행 9:31).

14. 성령님은 성부 하나님으로부터 나오신다(요 15:26).

15. 성령님은 미래의 일을 보여주신다(요 16:13).

16. 성령님은 방언의 은사를 주신다(행 2:4).

17. 성령님은 예언, 꿈, 환상을 풀어놓으신다(행 2:17,18; 11:28).

18. 성령님은 공간이동을 하게 해 주신다(행 8:39).

19. 성령님은 구체적인 지도와 안내를 제공해주신다(막 12:36; 13:11; 행 10:19; 11:12; 21:11; 딤전 4:1).

20. 성령님은 거룩한 분이시다(롬 1:4).

21. 성령님은 생명의 영이시고, 생명(zoe; 그리스어로 '생명')을 주시는 분이시다(롬 8:1,10).

22. 성령님은 우리를 성령님과 동행하도록 초청하신다(롬 8:4-5).

23. 성령님은 탄식하시고 간구하시며 중보하신다(롬 8:26-27).

24. 성령님은 말씀의 검(레마)이시다(엡 6:17).

25. 성령님은 열매를 맺으신다(갈 5:22-23; 엡 5:9).
26. 성령님은 우리의 연약함을 도우신다(롬 8:26).
27. 성령님은 증거하신다(행 5:32; 15:28; 20:23; 롬 8:15-16; 히 10:15; 요일 4:13; 5:6-8).
28. 성령님은 양자의 영이시다(롬 8:15).
29. 성령님은 육체의 일들을 제어할 힘을 주신다(롬 8:13).
30. 성령님은 표적과 기사와 선포의 권능을 공급해주신다(행 1:8; 고전 2:4).
31. 성령님은 사랑으로 일하신다(롬 15:30).
32. 성령님은 하나님의 깊은 것들을 살피신다(고전 2:10).
33. 성령님은 육신의 행실을 죽이게 하신다(롬 8:13).
34. 성령님은 계시를 주신다(눅 2:25; 고전 2:10,12; 엡 1:17-19; 3:5).
35. 성령님은 우리가 하나님께로부터 받은 것을 드러내주신다(고전 2:12).
36. 성령님은 깨끗케 하시고, 거룩하게 하시고, 순결케 하시고, 의롭게 하신다(롬 15:16; 고전 6:11; 살후 2:13; 딤전 3:16; 벧전 1:2,22).
37. 성령님은 은사를 가지고 계신다(고전 12:4-11; 히 2:4).
38. 성령님은 우리를 인치신다(고후 1:22; 엡 4:30).
39. 성령님은 자유의 영이시다(고후 3:17).
40. 성령님은 우리를 그리스도의 형상으로 변화시켜 주신다(고후 3:17).
41. 성령님은 아브라함의 복에 대한 약속이시다(갈 3:14).
42. 성령님은 하나님을 아바 아버지라 부르게 하신다(갈 4:6).
43. 성령님은 하나님 아버지께로 나아갈 수 있게 해주신다(엡 2:18).
44. 성령님은 우리를 하나님이 거하실 처소가 되게 하신다(엡 2:22).
45. 성령님은 우리를 능력으로 강건케 해주신다(엡 3:16).
46. 성령님은 연합을 이루신다(엡 4:3-4).
47. 성령님은 거룩한 포도주이시다(엡 5:18).

48. 성령님은 공급해주신다(빌 1:19).

49. 성령님은 사귐이시다(고후 13:14; 빌 2:1).

50. 성령님은 은혜이시다(히 10:29).

51. 성령님은 영광이시다(벧전 4:14).

52. 성령님은 교회들에게 말씀하신다(계 2:11,17,29; 3;6,13,22).

53. 성령님은 신부를 부르신다(계 22:17).

54. 성령님은 하나님의 목적을 위한 잉태와 기름부으심의 능력을 지니신다(마 1:18,20; 눅 1:35).

55. 성령님은 가르치신다(눅 12:12; 요 14:26; 고전 2:13; 요일 2:27).

56. 성령님은 명령하신다(행 1:2).

57. 성령님은 증인(순교자)이 되게 해주신다(행 1:8).

58. 성령님은 담대함을 주신다(행 4:31).

59. 성령님은 볼 수 있게 해주신다(행 9:17).

60. 성령님은 일을 위임하신다(행 13:4).

61. 성령님은 제지하신다(행 16:6).

62. 성령님은 사역자들을 임명하시고 권세를 부여하신다(행 20:28).

63. 성령님은 사랑을 부어주신다(롬 5:5).

64. 성령님은 의와 평강과 희락이시다(롬 14:17; 15:13; 살전 1:6).

65. 성령님은 그리스도의 주되심을 시인하신다(고전 12:3).

66. 성령님은 복음을 전파하신다(살전 1:5-6).

67. 성령님은 권능을 보존하신다(딤후 1:14).

68. 성령님은 새롭게 하신다(딛 3:5).

69. 성령님은 믿는 자들을 감동하신다(벧후 1:21).

70. 성령님은 세상을 책망하신다(요 16:8).

성령님은 정말 놀라우신 분 아닌가? 성령님은 당신을 위한 하나님의 선물이시다. 이 세상에서 당신이 거룩한 삶을 살아가도록 성령님이 도와주실 것이다. 성령님은 당신을 하나님 나라의 권능과 기적을 행하는 능력으로 충만케 해주시는 분이다. 성령님은 이 세상에서 당신을 강한 증인으로 만들어주실 것이다. 우리는 반드시 성령님이 어떤 분이신지를 깨달아 알고, 그분의 인도함에 순종해야 한다. 성령님께 순종하려면 성령님이 우리에게 말씀하시는 방법을 잘 알고 있어야 한다.

성령님이 말씀하시는 섬세한 방법들

성경에서 하나님은 하나님의 백성들에게 다양한 방식으로 말씀하신다. 귀로 들을 수 있는 음성으로도 말씀하시고, 열린 환상, 황홀경, 꿈, 천사의 방문을 통해서도 말씀하신다. 그러나 성령님이 말씀하시는 가장 일반적인 방법은 이른바 '하나님의 생각들'과 '하나님의 영감들'을 통해서이다.

감사하게도 나는 존경받고 노련한 선지자들과 교제할 수 있는 기회를 많이 가질 수 있었다. 이 선지자들은 그리스도의 몸을 위하여 세계적인 사건들을 예언하며 경고의 메시지를 전달해준다. 이들은 놀랄만한 방문들뿐 아니라 황홀경, 열린 환상, 귀로 들리는 음성들도 체험해 왔다. 그런데 이들이 공통적으로 인정하는 것이 있다. 성령님은 우리의 생각 속에서 세미한 음성을 통해 말씀하시거나, 상상 속에서 어렴풋한 영감들을 통해 말씀하실 때가 가장 많다는 사실이다. 한편 이들은 주님의 메시지를 받았던 대부분의 경우는, 자신들이 주님을 애써 구할 때와 주님의 음성을 듣기 위해 주님 앞으로 나아갔을 때였다고 털어놓았다. 대체로 우리는 정말 중요한 메시지라면 천둥소리 가운데 들려오거나 청천벽력 같은 열린 환상이나 황홀경의 형태로 주어질 것이라고 느낄 때가 많다. 그러나 이는 실제와는 다르다. 엘리야의 경우를 생각해보라. 그는 성경시대에 매우 강력한 예언을 베푼 선지자였다. 그가 하나님께로부터 중요한 메시지를 받은 방법은, 아주 세미한 음성을 통해서였다(왕상 19:12).

성령님의 인도하심에 따라가려면, 우선 성령님의 음성을 듣고, 들은 음성에 순종해야 한다. 천국체험은 반드시 성령님의 인도하심 가운데 이루어진다. 또한 믿음으로만 천국체험을 할 수 있다.

혼의 기능들

당신의 영(속사람)은 거듭난 순간 이미 천국의 실상에 맞닿았다. 그뿐 아니라 당신의 영은 거듭난 순간 온전히 살아있는 상태가 되었다. 이 사실을 잊지 말기 바란다. 당신의 영은 당신 존재의 일부로서 주변에서 펼쳐지는 영적 생활에 예민하게 반응한다. 당신은 구속받은 영을 통해 하나님과 친밀한 관계를 누릴 수 있다.

한편, 당신의 혼은 당신 존재의 일부로서, 생각과 의지, 정서들과 열정들, 상상력과 같은 기능들의 집합체이다. 혼은 당신의 삶에서 관계의 차원들을 표현하고 경험한다. 하나님과 정서적이고 지적인 차원의 관계로 연결되기 위해, 당신의 혼은 반드시 하나님 나라의 실상을 이해해야 한다. 다른 사람과 돈독한 관계를 이루려면, 지성과 정서, 열정과 비전, 의사소통의 영역에서 상호작용하는 것이 무엇보다 중요하다.

거듭나는 순간 당신의 영은 이미 하나님과 하나님의 말씀, 하나님의 방식들과의 온전한 관계에 놓이게 되었다. 그러나 당신의 혼은 이해의 과정을 필요로 한다. 그래야만 당신 안의 의식적인 부분이 하나님과 보이지 않는 세계를 경험할 수 있다.

성령님은 이 세상을 살아가는 우리가 혼으로 하나님의 방식들을 이해할 수 있도록 도와주신다. 성령님의 도움으로 우리는 하나님을 따르고 섬기고자 의식적으로 선택할 수 있다. 당신의 의지는 혼의 영역에 속한다. 의지는 무언가를 결정하는 기능을 수행한다.

만일 당신의 몸과 혼을 벗겨내고 오직 당신의 속사람(spirit man)만 남는다면, 당신은 보이지 않는 하나님의 나라와 영적인 세계를 온전히 알 수 있게 될 것이다. 이것이 바로 영이 지닌 본성이다. 그러나 당신의 혼은 하나님과의 사귐을 위해, 또한 이 세상에서 이웃사람들과의 교제를 위해, 계시와 정보를 필요로 한다.

그렇다면 과연 어떻게 해야 당신의 혼이 성령님이 주시는 정보를 받아서, 시간의 영역 안에서 비가시적인 하나님 나라에 민감하게 반응하며 살아갈 수 있을까? 영적 체험으로 안내해주는 이런 유형의 계시를 받는 일은, 당신의 혼의 영역 중 어느 부분이 담당하고 있는 걸까? 영적인 세계를 눈으로 볼 수 없다면, 어떻게 해야 당신은 자연적이고 혼적인 감각을 통해 영적인 세계와 관련을 맺을 수 있을 것인가?

지성

당신은 지성을 통해 하나님의 생각들을 이해하고 변론할 수 있다. 이사야 1장 18절에서 하나님은 백성들을 향해 다음과 같이 초청하신다. "오라 우리가 서로 변론하자." 대체로 성령님은 당신의 생각을 통해 말씀하시는 방법으로 인도해주신다.

당신의 지성은 혼에 속하는 기관으로서, 천국체험에 있어 매우 중요한 역할을 담당한다. 지성은 현재 떠오르는 생각들을 처리하는 기능을 한다. 생각들은 무수히 많은 출처에서 기인된 것일 수 있으므로, 당신은 각각의 생각들의 근원이 무엇인지를 분별해낼 수 있어야 한다. 아래 열거하는 것들은 생각의 원천들이다.

1. 당신 안에 있는 육적인 본성
이러한 생각들은 대체로 이기적이다. 하나님 중심적인 생각이 아닐 때가 많다.

2. 세상
세상의 시스템 자체가 강력한 목소리를 지니고 있다. 예를 들어, 텔레비전이라는 대중매체를 통해 세상은 당신에게 다음과 같은 목소리를 들려준다. '당신이 멋진 근육을 가진 남자라야만 받아들여질 것이다. 당신이 날씬하고 균형 잡힌 몸매를 가진 여자라야만 받아들여질 것이다.' 세상의 영은 세상의 잣대에 근거하여 말을 한다. 세상의 기준은 대개 하나님의 기준과는 일치하지 않는다.

3. 귀신
마귀는 당신의 생각 속에 하나님의 말씀과는 상반되는 거짓된 생각들을 주입시키려 한다. 마귀의 음성은 대체로 정죄하고 고발하고 유혹한다. 마태복음 4장에서 마귀는 심지어 예수님마저 유혹하려고 했다.

4. 하나님
당신의 생각이 성령님으로부터 온 것이라면, 그 생각들은 반드시 하나님의 말씀과 하나님의 방식, 하나님의 성품에 일치한다.

이토록 중요한 혼의 기관인 지성이 사악한 목적으로 사용되는 것은, 결코 하나님의 창조 의도와는 거리가 멀었다. 당신의 지성은 악하고 정욕적이고 교만한 생각들의 집합소가 되어서는 안 된다. 하나님을 위해 거룩하게 성별된 지성, 하나님의 목적들을 전달받을 수 있는 지성이 되어야 한다. 이럴 때 비로소 당신은 지혜로운 선택을 내릴 수 있고, 주님과의 관계도 견고하게 확립할 수 있다. 안타깝게도 타락으로 인해 우리의 지성은 이미 오랜 세월 동안 온갖 악한 것들로 메워져 있었다. 우리의 지성이 성령님의 음성을 듣는 통로가 되기를 원한다면, 우선 모든 경건치 못한 생각들을 깨끗이 제거해내어야 한다. 그리고 모든 사고과정들을 늘 주도면밀하게 살펴보아야 한다. 우리의 지성이 성령님이 쓰실만한 거룩한 그릇이 되길 원한다.

당신 안에 찾아오는 온갖 사악한 생각들에 대하여 지속적으로 주님의 용서를 구하라. 당신의 지성 안에 어떤 생각을 받아들일지 늘 신중하게 취사선택하기 바란다. 당신이 지금 무슨 소리에 귀 기울이고 있는지를 살피라. 예를 들어, 하루 종일 호색적인 음악을 듣는다면, 당신의 지성은 정욕으로 오염되어 성령님의 음성을 정확하게 들을 수 있는 능력은 그만큼 저해되고 말 것이다. 이는 마치 안쪽이 녹슨 수도관의 모습과도 같다. 저수지를 출발하여 나올 때만 해도 물은 맑고 깨끗했다. 그러나 녹슨 수도관을 거치는 동안 오염되었기에 수도꼭지에서는 당연히 더러운 물이 나올 수밖에 없다. 당신의 혼도 마찬가지이다. 무릇 지킬만한 것보다 더욱 마음을 지키라는 성경의 권고를 명심해야 한다. 생명의 근원은 마음에서 나온다(잠 4:23).

당신의 지성이 성령님의 음성을 들을 준비를 갖추기 위한 방법이 있다. 성경말씀을 묵상함으로써 지성을 단련시키라. 성경을 읽고, 그 말씀에 관해 깊이 생각하고 숙고하라. 특별한 영감과 신선한 계시를 내려주시도록 성령님을 초청하라. 이런 과정을 통해 당신의 지성은 새로워질 것이며, 성경말씀이 지닌 권세를 보다 더 잘 받아들이는 지성으로 변화될 것이다. 이로써 마침내 당신의 혼은 성령님이 주시는 영감 있는 레마의 메시지를 받을만한 준비를 갖추게 될 것이다.

성령님의 인도하심에 보다 더 민감하게 복종할 수 있게 만들어주는 또 하나의 방법이 있다. 성령님께 질문을 던지고 난 다음 성령님의 응답을 기다리는 방법이다. 이 방법은 특히 질문들과 대답들을 신앙일지 형식으로 기록해갈 때 더욱 효과적이다. 당신이 기록한 대답들이 성경말씀의 권위와 하나님의 성품에 비추어 과연 타당한가를 판별해보라. 간단한 예를 들어보자.

질문: 주님, 저를 사랑하시나요?
질문을 던진 후 잠시 주님의 대답을 기다리라. 주님은 당신의 생각을 통해 답변을 주실 것이다.
대답: 그럼 사랑하지.
질문: 얼마나 사랑하시나요?
잠시 주님의 대답을 기다리라.
대답: 영원한 사랑으로 너를 사랑한단다.

자, 이제는 이상의 답변들이 성경말씀에 비추어 옳은지를 확인해볼 차례이다. 과연 이 답변들은 하나님의 말씀과 하나님의 성품에 일치하고 있는가? 예레미야 31장 3절은 위에 제시된 모든 질문들과 대답들이 하나님의 말씀과 주님의 성품에 일치하고 있음을 확인시켜준다. 당신의 지성을 하나님의 생각을 듣는 일에 더욱 복종시키고, 이러한 생각들을 검증해보는 과정을 계속해서 통과해가라. 당신은 하나님의 음성에 점점 더 민감한 자로 되어갈 것이다. 신앙일지를 기록하는 일과 성령님의 음성에 귀 기울이는 습관을 매일매일 반복하라.

거룩해진 상상력

상상력은 또 하나의 혼적 기관이다. 성령님의 능력으로 정결케 된 상상력은 엄청난 잠재가능성을 지닌다. 상상력은 현재 우리가 알지 못하는 것 혹은 미처 감지되지 못한 것을 볼 수 있는 능력이다. 당신은 상상력을 통해 환상(vision)을 받는다. 하나님은 꿈꾸는 자이시고, 당신 역시 꿈꾸는 자이다. 당신은 하나님의 모양과 형상으로 창조된 존재이기 때문이다. 예술적인 창조성과 인간의 깨달음 부문에서 상상력의 기능은 높이 평가된다. 반면에 거짓된 이미지들과 관련된 상상력은 비난을 받는다. 이런 이유로 종종 상상력은 무시나 경멸을 당하곤 한다. 우리도 무언가가 상상에서 말미암았다고 하면 이를 실제가 아닌 것이라고 믿을 때가 많다. 이러한 생각은 옳지 못하다. 다시 한 번 말하지만, 영감의 출처가 어디인지를 아는 것은 매우 중요하다. 주님이 상상력을 주신 목적은 결코 불경건하고 죄악되고 헛된 감동을 위해서가 아니다. 주님은 거룩한 목적들을 위하여 우리에게 상상력을 주셨다. 성경은 묵시(vision-비전, 환상: 역주)가 없는 백성은 방자히 행한다고 분명히 말씀한다(잠 29:18). 우리에게는 환상(vision)이 필요하다. 상상력은 환상을 받아들이는 통로이다.

상상력은 모든 형태의 영적 환상들에 관여한다. 예를 들어, 상상력은 황홀경, 열린 환상, 꿈들, 어렴풋한 감동들과도 연관이 있다. 상상력을 사용하지 않고서는 결코 환상을 받을 수 없다. 환상은 당신의 상상력의 저장소 혹은 비전센터에 저장되어 있기 때문에, 언제라도 다시 재검토될 수 있다.

상상력과 관련하여 반드시 명심해야 할 사항이 있다. 상상력이 보이지 않는 영의 세계에 관여하는 믿음의 수단으로 사용되려면 반드시 성화되어야 한다. 상상력은 성령님이 당신의 혼에 영적인 개념들을 주입시키시는 통로이다. 안타깝게도 우리는 상상력을 헛되고 정욕적인 이미지들로 가득 채워둘 때가 너무나 많다.

우리 안에 있는 정결치 못한 생각들에 대해 주님께 용서를 구해야 한다. 상상력도 예외가 아니다. 우리의 상상력을 성령님의 거룩한 도구로 성별시켜달라고 간구해야 한다. 당신의 눈이 즐겨 보는 것들이 무엇인지를 늘 주의 깊게 살펴보라. 당신이 육안으로 보는 이미지들은 당신의 혼에 그림으로 입력된다. 오늘날 텔레비전, 영화, 잡지 등을 통해 우리의 상상력은 결코 보아서는 안 될 이미지들에 쉽게 노출되고 있다.

일단 상상력이 성화되고 주님을 위해 거룩하게 구별된 후에는, 성경말씀에 나타난 환상들에 복종시키는 훈련을 통해 당신의 상상력을 강화시켜갈 수 있다. 예를 들어, 예언서들에 나타난 환상들은 자체적으로 예언적인 권위를 지닌다. 당신의 상상력으로 성경 속의 이미지들을 그대로 따라가라. 그런 다음 당신의 혼 속에 입력된 이미지들이 말씀의 권세를 통해 풀려나오도록 허용하라. 이런 과정을 거치면서 당신은 환상을 받아들이는 능력을 연마할 수 있다. 성경 속의 특별한 장면이 당신 안에 구체적으로 그려지도록 주님께 요청하라. 해당 장면이 지니는 권능과 마음의 열정을 상상하라. 당신이 그 특별한 상황 속에 함께 있는 모습을 그려보라. 당신이라면 어떻게 반응하고 행동했을지 자문해보라. 이렇게 하는 동안 하나님이 당신에게 말씀하실 수 있는 환경이 점점 더 조성되어가고 있다. 여기서 잊지 말아야 할 것이 있다. 매순간 성령님께서 당신을 인도하시고 통찰력을 주시도록 내어맡기라. 자신을 성령님께 복종시키라. 당신의 상상력이 당신을 주도해가는 것이 결코 아니다. 당신에게 거룩한 영감으로 채워주시는 분은 성령님이시다. 상상력은 단지 당신이 성령님께 복종하고 굴복함으로써 성령님이 주시는 하늘의 영감을 받아들이는 통로일 뿐이다.

"훈련과 활용"

에베소서 1장 17-18절에서 바울은 에베소 교인들에게 그리스도를 아는 지식 안에서 지혜와 계시의 영을 주시도록 주님께 기도한다. 바울은 에베소 교인들의 마음(understanding-KJV)의 눈(eyes)도 밝혀달라고 간구한다. 스트롱 성구사전에 따르면, 'understanding'에 해당하는 헬라어는 '디아노이아(dianoia)'이다. 이 단어는 성경에서 '지성(mind),' '깨달음(understanding),' '상상력(imagination)' 등의 형태로 등장한다. 본문에서 실제로 바울은 초자연적인 일들을 이해하는 깨달음의 눈 혹은 상상력의 눈을 열어주시도록 기도하고 있었다.

앞에서도 설명한 바와 같이, 우리가 받는 영적인 계시의 대부분은 이미지 센터(상상력)나 지성 안에 입력된다. 이곳에서 당신은 종종 영광의 환상들도 보게 될 것이다. 환상들을 보여주시고 영광의 영역에 관한 통찰력들을 주시는 분은 성령님이시다. 하나님은 당신의 생각 속에 거룩한 아이디어와 모략, 깨달음을 넣어주시어 하늘의 영광을 드러내시기도 하신다.

많은 신자들이 상상력이나 생각들을 통해 받는 영적 체험들에 대해 흔쾌히 수용하는 태도를 보이지 않는다. 그러나 실제로 대부분의 영적 통찰들은 상상력이나 생각들을 통해 주어진다. 이러한 혼의 기관들을 성령님의 통로로 내어드리기만 한다면, 당신은 훨씬 더 풍부한 영적 환상들과 체험들을 누리게 될 것이다.

히브리서 5장 14절은 이렇게 말씀한다. "단단한 식물은 장성한 자의 것이니 저희는 지각을 사용하므로 연단을 받아 선악을 분변하는 자들이니라." 여기서 '지각을 사용한다' (by reason of use) 함은 능력을 훈련하고 활용한다는 것을 의미한다. 당신은 지성을 하나님의 말씀에서 말미암은 이미지들과 개념들로 채워 넣음으로써 영적 감각들을 훈련하고 활용할 수 있다. 실제로 당신이 무엇을 믿느냐가 당신의 '훈련과 활용'에 영향을 미친다. 야고보서 2장 17-18절은 하나님의 말씀에 의거하여 살아가는 것과 훈련이나 적용이 얼마나 중요한지를 잘 보여준다. "이와 같이 행함이 없는 믿음은 그 자체가 죽은 것이라 혹이 가로되 너는 믿음이 있고 나는 행함이 있으니 행함이 없는 네 믿음을 내게 보이라 나는 행함으로 내 믿음을 네게 보이리라."

어떤 신자들은 영적 능력을 훈련하고 활용한다는 개념에 대해 몹시 불편하게 여긴다. 그런데 이상하게도 이들은 음악적 재능을 훈련하고 활용한다는 것은 쉽게 받아들인다. 예를 들어보겠다. 한 젊은이가 예배인도자가 되기를 간절히 바라고 있다. 피아노를 연주하며 예배를 인도하는 것이 이 청년의 꿈이다. 아마 대부분의 사람들은 이런 영적인 은사를 개발하기 위해서는, 우선 이론도 배우고, 목표를 이루기까지 날마다 기도도 하고, 악기를 다루는 법도 훈련하고, 예배를 인도해볼 모든 기회들을 잘 활용하여 기름부으심에 있어서나 기교면에 있어서 탁월한 음악가와 예배인도자로 성장해야 한다고 생각할 것이다.

노련한 중보기도자가 되기를 소원하는 사람도 마찬가지이다. 기도에 관한 세미나에도 참석하고, 성경에 나타난 기도에 관한 주제도 연구하는 등, 부단히 거듭되는 훈련들을 필요로 한다. 중보기도에 관한 세미나에 한번 참석했다고 해서 숙련된 중보기도자가 되는 것은 아니다. 반드시 실제로 중보기도를 해야 한다. 기도를 하면 할수록 더욱더 숙련된 중보기도자로 바뀌어갈 것이다. 훌륭한 기도용사 혹은 탁월한 예배인도자가 되려면, 기도를 드려야 하겠다거나 악기를 연습해야겠다는 충동이 강하게 느껴질 때까지 마냥 기다려서는 안 된다. 무수히 많은 연습과 훈련을 통해 은사를 갈고닦아야 한다. 연습해야겠다는 강한 생각이 들 때까지 기다리고만 있다면, 당신은 아무 일도 시작할 수 없을 것이다.

이러한 사실은 기름부음이 있는 복음전도자의 경우에도 동일하게 해당된다. 복음을 전하면 전할수록 기름부으심이 점점 더 많이 풀어나온다. 이것은 일종의 원리이다. 은사 가운데 성장하려면 무엇보다 먼저 하나님의 말씀에 따라 행하는 삶을 살아가야 한다. 치유의 은사나 예언의 은사, 행정의 은사도 마찬가지이다. 연습을 통해서만 완벽해질 수 있다! 더 이상 우리가 지성과 상상력을 영적으로 강화시키고 활용하는 일을 두려워할 까닭이 없다. 일반 재능들을 훈련하는 것과 지성과 상상력을 훈련하는 것은 다를 게 없다.

당신이 셋째 하늘 체험을 하게 될 때, 당신을 인도해주실 분은 성령님이시다. 성령님은 당신의 지성과 상상력을 통해 영광스런 계시와 사건들을 보여주실 것이다. 우리가 혼의 기관들을 잘 연마해둔다면 하나님으로부터 오는 계시를 보다 더 쉽게 받을 수 있다. 이제 혼의 기관들을 단련하는 일과 관련된 근거 없는 두려움일랑 떨쳐버리자. 어떤 이들은 회의적인 태도로 논쟁하려 들기도 한다. 뉴에이지의 관행을 행하는 사람들도 상상력과 지성을 사용하고 있으니 우리는 그러지 말아야 한다면서 말이다. 우리가 기억해야 할 것이 있다. 원수는 모조품 전문가이다. 원수는 인간이 어떤 기관을 통해 영적 생명과 영적 활동의 실상에 연결될 수 있는지를 잘 알고 있다. 궁극적으로 중요한 것은 근원이 무엇이냐이다. 기능에 관한 문제가 결코 아니다. 하나님은 거룩한 체험을 위한 문으로 사용하라고 우리에게 지성과 상상력(창의성)을 주셨다. 우리가 던져야 할 질문은 다음과 같다. 누가 이 체험을 인도하고 있는가? 누가 근원인가?

8장

함정들과 활성화
Pitfalls and activation

8장 · 함정들과 활성화 | Pitfalls and activation |

천상의 영역에서 마주치는 영적인 사건들은 거듭난 신자들에게 일반적인 일들이 되어야 한다. 그러나 천국체험에 관한 글들을 보노라면, 이러한 사건들은 일반인들이 도달하기 어렵거나 아예 불가능한 일들로 묘사되고 있을 때가 많다.

그렇다 할지라도, 하나님은 모든 주님의 백성들이 주님의 인도를 받으며 풍성한 영적 체험들을 누리기를 갈망하신다. 하나님과의 만남을 위해 영(spirit)을 더욱 훈련시킬수록, 이러한 영적 체험들은 당신에게 점점 더 자연스런 일들이 되어갈 것이다.

함정들을 피하기

사람들은 대체로 미지의 것들을 두려워한다. 특히 보이지 않는 세계를 체험한다는 발상 자체를 두려워하는 이들이 많다. 이들은 보이지 않는 세계를 경험한다는 것은 위험하므로 속임수나 잘못에 빠지지 않으려면 이를 멀리해야 한다고 믿는다. 과연 이러한 영적 체험의 학교 안에 위험요소들이 실제로 잠재해 있을까? 십중팔구 그렇다! 하나님의 말씀과 하나님의 방식, 하나님의 뜻의 테두리를 벗어날 때, 언제 어디서든 위험은 도사리고 있다.

당신의 자연적인 삶도 마찬가지이다. 준수해야 할 적절한 원칙을 벗어난 순간, 위험요소들은 당신 앞에 얼마든지 나타난다. 예를 들어보자. 교통법규를 무시할 때, 운전은 극도로 위험천만한 일이 될 수 있다. 그러나 자동차 사용설명서를 잘 읽고, 법규를 준수하고, 세심하게 주의하고, 다른 차량들을 조심하기만 한다면, 당신은 안전하고 성공적인 운전경력을 유지할 수 있을 것이다. 자동차 운전에 여러 위험요소들이 수반된다고 해서, 아예 승차도 하지 않거나 목적지에 가는 것을 포기하는 일은 없어야 한다.

보이지 않는 천국을 체험할 수 있다는 생각에 대해 반대의견을 펴는 사람들을 종종 만나게 된다. 그들은 대개 이렇게 말한다. "속임수에 빠지지 않으려면 그런 허튼소리는 집어치우는 게 상책이지요." 그런데 재미있는 사실이 있다. 이렇게 말하는 신자들일수록 자신들의 교회에 당신이 와주기를 바랄 때에는 영적 촉수를 전혀 곤두세우지 않고 있는 듯하다. 경건의 모양은 있으나 능력은 부인하는 교회인데도 말이다(딤후 3:5). 어찌됐든, 영적인 위험이나 속임수들의 존재가능성을 알아두는 일은 지극히 중요하다.

영적체험의 '운전석'에 앉기에 앞서, 반드시 유념해야 할 몇 가지 위험요소들을 아래에 소개해본다.

주술과 신비사술

그리스도의 통치를 벗어난 영의 영역에서 이루어지는 행위나 조종을 가리켜 주술이라고 한다. 성경은 주술을 금지한다. '심상유도(guided imagery)'를 조심하라. 심상유도는 어떤 제3자가 당신이 보아야 할 것을 말해주는 기법이다. 이러한 행위는 조종으로 이어질 수 있다(신 18:10-14; 갈 5:17-25). 당신을 하나님과의 거룩한 만남으로 인도해주실 분은 오직 성령님이실 뿐, 사람이나 영이 아니다. 이전에 뉴에이지나 거짓종교, 신비사술에 접해보신 적이 있다면, 우선 당신은 이러한 행위들을 말끔히 취소해야 한다. 당신에게 가르침을 준 영적 상담자들이나 영의 안내자들과도 끊어야 한다. 이 일은 당신에게 있어 너무도 중요하다. 당신은 온갖 거짓된 것들을 깨끗이 씻어내고 참된 모든 것에 복종해야 한다. 과거에 진리를 위조한 거짓근원들에 관여하셨던 분은 다음 기도문을 따라 기도를 드리기 바란다.

예수님의 이름으로 나는 _____(당신이 관여한 행위들을 구체적으로 언급하라)을 비롯하여 온갖 신비술과 뉴에이지 관행들을 취소합니다. 나는 이 관행들과 관련된 모든 서적들과 기록물들, 도구들을 취소합니다. 예수님의 이름으로 나는 모든 의식들, 예식들, 세례들, 불경건한 맹세들, 서약들을 취소합니다. 또한 상담자들, 구루들, 마녀들, 신비술의 사제들, 영적 관행들을 가르치는 이들, 영의 인도자들, 뉴에이지 의료시술자들과의 불경건한 혼의 묶임을 끊습니다. 주님! 제가 이러한 관행들에 참여한 죄악을 범하였음을 용서해주시고, 이것들이 저의 영과 혼과 몸에 끼친 영향력들을 깨끗이 제거해주옵소서. 예수님의 이름으로 나는 이러한 관행들에 관여함으로써 내 안에 들어온 모든 귀신들을 향해 퇴거명령을 내립니다. 내가 예수님의 이름으로 명하노니 너희들은 내 안에서 하나도 남김없이 떠나갈지어다. 주님! 지금 저를 정결하신 성령님으로 충만케 해주옵소서. 이제부터는 주님께만 복종하기 원합니다. 주 예수님만이 나의 하나님이시고 나의 구원자이시며 나의 왕이십니다. 예수님의 이름으로 기도합니다. 아멘.

우상숭배와 불경건한 매혹

하나님은 우리가 늘 최고의 우선순위를 두고 열정적으로 따라야 할 분이시다. 우리 안에 있는 애정의 초점에는 늘 하나님이 계셔야 한다. 모든 영적 체험은 신자의 마음과 애정을 그리스도와의 보다 깊은 차원의 관계로 이끌어주는 것이어야 한다. 다만 영적 체험에 지나치게 매혹되는 일은 피해야 한다. 요한계시록 19장 10절에서 요한은 환상을 안내하는 천상의 존재에게 경배함으로써 속임수에 걸려들었다. 요한은 예수님의 마음에 가장 가까웠던 제자였지 않았던가! 이런 요한조차 속임수에 걸려들 위험에 처해 있었다. 우리도 조심해야 한다!

영적 체험을 위한 예비교육

이전 장에서 분명히 언급한 바 있으나, 하나님은 우리가 하나님을 체험하고 하나님 나라를 체험하기를 원하신다. 그 목적은 하나님과 우리의 관계를 돈독히 하시려는 데 있다. 신자들이 영적 체험 자체에만 관심을 쏟는다면, 이는 신자의 삶과 인격에 중대한 문제를 초래할 수 있다. 이들은 영적 체험 자체가 마치 인격의 고매함과 성숙의 결과라고 착각할 수도 있다. 사실은 그렇지 않다. 진실한 크리스천의 삶을 입증해주는 진정한 지표들은 사랑, 그리스도를 향한 참된 예배, 하나님의 말씀에 대한 순종과 믿음 등이다.

교만과 자기높임

교만의 유혹에 대해서는 어느 누구도 예외가 될 수 없다. 천국의 천사장이자 언약궤를 덮는 그룹이었던 루시퍼조차도 교만의 죄에 빠져들었다. 결국 교만의 죄로 인해 루시퍼는 천국의 위치를 박탈당한 채 쫓겨나고 말았다!

시몬 베드로의 예를 통해 우리는 거룩한 영적 체험의 한복판에서도 어떻게 교만과 자기통제가 고개를 들 수 있는지를 보게 된다. 변화산상에서 베드로는 다음과 같이 말했다. "주여 우리가 여기 있는 것이 좋사오니." 계속해서 그는 예수님께 오만방자한 태도로 자기들이 원하는 바를 말씀드렸다(마 17:4).

사도 바울은 "여러 계시를 받은 것이 지극히 크므로" 자신도 교만해질 여지가 있음을 인정했다(고후 12:7). 성경의 인물들도 교만의 위험에 노출되어 있었다면, 하물며 우리겠는가. 우리는 교만에 빠지지 않도록 늘 경계해야 한다. 상호간의 삶을 책임져주는 그룹을 만들어두는 것은 유익하면서도 필수적이다. 잊지 마라. 교만은 속임수이다. 당신은 자신 안에 있는 교만은 결코 볼 수 없다. 다른 이들의 말에 귀 기울이고 늘 겸손의 옷을 입으라. 언제나 배우는 자세를 잃지 말라!

감동은 받았으나 변화되지 않다

그리스도께서는 병든 자를 고치셨고 나병환자를 깨끗케 해주셨다. 죽은 자를 살리셨고 귀신들린 자들도 자유케 해주셨다. 약 3년 동안 그리스도께서 행하신 강력한 치유사역을 통해 이스라엘 백성들은 감동을 받았다. 그러나 공생애 사역을 마치실 즈음, 주님은 눈물을 흘리시며 이렇게 말씀하셨다. "가라사대 너도 오늘날 평화에 관한 일을 알았더면 좋을 뻔하였거니와 지금 네 눈에 숨기웠도다 … 이는 권고 받는 날을 네가 알지 못함을 인함이니라"(눅 19: 42,44).

하나님의 두나미스(기적을 행하는 권능)가 나타나자 이스라엘에서는 전국적으로 엄청난 인파가 운집해들었다. 그런데 이들은 최후의 순간을 맞이하신 예수님을 향해서는 다음과 같이 외쳐댔다. "그를 십자가에 못 박으소서!" 이들은 감동은 받았을지 모르나 변화된 것은 아니었다.

하나님의 손이 당신을 강력하게 만져주신다고 해서 당신이 꽤 훌륭한 사람으로 입증될 수 있는 것은 아니다. 이는 당신의 인격이나 사역의 수준과는 관련이 없다. 다만 이 일은 주님의 어떠함을 드러내준다. 능력의 주님이심을, 사랑과 자비가 풍성하신 주님이심을 말해주는 것이다!

예를 들어 내가 한 친구에게 백만 달러를 거저 주었다고 가정해보자. 이러한 친절한 행위가 내 친구의 어떠함을 드러내주지는 않는다. 다만 나의 어떠함을 말해줄 수 있을 뿐이다. 아마 나는 매우 관대한 사람일지도 모른다. 물론 우리는 이 친구의 어떠함에 관해서도 알 방법이 있다. 받은 돈으로 이 친구가 어떤 행위들을 했을 경우이다. 그녀는 돈으로 노숙자들을 위한 숙소를 지을 수도 있고, 매춘그룹을 결성할 수도 있다. 무엇을 하든 그녀의 행위는 그녀의 어떠함을 보여준다. 천국체험들로 인해 신자들의 신앙생활은 보다 더 부요해지고 강건해질 수는 있다. 그러나 꼭 그렇지만은 않다. 주님이 주님의 선하심을 가시적으로 드러내주시는 데에는 목적이 있다. 우리에게 복주시고, 우리를 회개케 하시며, 우리 삶을 부요케 하시기 위함이다. 우리가 주님의 자비하심에 반응했다고 해서 반드시 우리의 삶이 변화되는 것은 아니다. 감동만 받을 뿐 변화는 전혀 일어나지 않을 수도 있다!

오류와 속임수

하나님의 말씀 안에 적절하고 온전한 기반을 마련하지 않고서 영적 체험에 들어갈 때, 종종 오류와 속임수로 향하는 문이 열릴 수가 있다. 올바르고 확고한 성경적 가르침은 반드시 영적 체험을 수반하게 되어 있다. 우리는 '영광학교(Glory Schools)'에서 학생들에게 이 목적을 깊이 유념하라고 가르친다. 만일 당신이 환상을 보거나 영광의 영역에서 영적인 체험을 하게 된다면, 반드시 이를 하나님의 말씀을 통해 연구하고 확인해보기 바란다. 영적 체험의 정당성을 입증하려면 가장 먼저 하나님의 말씀이라는 테스트 지점을 통과해 가야 한다!

앞에서도 언급한 바 있으나, 당신 주변에 서로의 삶을 책임져줄 신뢰할만한 그룹이나 성숙한 크리스천들을 배치해두는 것도 매우 중요하다. 이들은 당신의 스승이 되어줄 수도 있고, 이들의 돌봄을 통해 당신은 지속적인 성숙으로 나아가게 될 것이다. 조언자들이 많은 곳에 지혜가 따라온다.

보이지 않는 하나님 나라 체험을 위한 일상적인 훈련들

보이지 않는 하나님 나라 체험을 인도해주시는 분은 성령님이시다. 영적 체험들은 주님과의 관계로 말미암아 생겨난다. 매일 매일의 지속적인 영적 훈련은 우리에게 유익을 준다. 영적 훈련을 통해 우리는 주님 앞에서 마땅히 머물러 있어야 할 자리에 가 있게 되며, 우리를 향하신 주님의 선하심에 늘 초점을 맞출 수 있게 된다. 성경은 우리에게 훈련을 통해 육신을 성령님께 복종시키라고 권고한다. 훈련은 우리의 의지를 강화시키고 인격을 성장시킨다. 그러나 훈련을 했다고 해서 영적 체험이 자연히 따라오는 것은 아니다. 영광의 체험은 결코 사람의 노력으로 얻어질 수 없다. 이는 전적으로 선물로 주어진다. 선하시고 은혜가 풍성하신 주님께서 우리의 믿음에 따라 선물을 주신다. 그러나 받을 준비가 되어 있는 자는 언제라도 주님의 선하심이 가시적인 권능으로 나타날 것을 기대할 수 있다.

> 모세가 가로되 원컨대 주의 영광을 내게 보이소서 여호와께서 가라사대 내가 나의 모든 선한 형상을 네 앞으로 지나게 하고 여호와의 이름을 네 앞에 반포하리라 나는 은혜 줄 자에게 은혜를 주고 긍휼히 여길 자에게 긍휼을 베푸느니라(출 33:18-19)

다음은 경배, 복종, 영광스런 천국체험 등을 강화시켜줄 만한 몇 가지 일상적인 훈련들과 원리들, 준비들이다.

1. 당신이 거듭난 자임을 시인하라. 거듭난 것은 바로 당신의 영이다. 당신의 영은 그리스도의 성품을 그대로 지니고 있다. 당신은 영원토록 그리스도와 하나이다. 거듭남은 주님의 선물이며 사람의 노력으로 얻어지는 것이 아니다. 믿음으로 거듭난다. 거듭남을 통해 우리는 영생, 곧 그리스도의 생명을 선물로 받았다. 당신은 그리스도의 성품을 소유한 자이다. 당신은 용서받았다. 당신은 거룩하다. 당신은 지혜와 의와 능력으로 충만하다.

거듭난 당신의 존재에 관하여, 또한 거듭난 당신의 영이 소유한 모든 것들에 관하여 묵상하고 고백하라. 이 고백의 내용이야말로 진정한 당신의 모습들이다. 당신의 속사람이 당신의 혼과 몸을 다스려야 한다. 혼과 몸이 속사람을 다스려서는 안 된다. 당신의 속사람을 축복하고 당신을 향한 주님의 목적을 성취하기 위해 거룩하게 구별시키라.

내가 펴낸 『선포』(Decree)라는 제목의 소책자와 CD에, 당신의 새로운 성품에 관한 성경적인 고백들을 소개해놓았다. 개인적으로 나는 그리스도 안에서의 나의 정체성을 믿음으로 고백하고 소리 내어 선포하는 일을 날마다 실천하려고 노력한다. 이러한 선포는 그리스도 안에서 새로운 피조물인 나의 거듭난 영적 본성을 명확히 하는 일에 도움이 된다. 이전 것들은 지나갔고 모든 것이 새로워졌다(고후 5:17).

만일 당신이 아직 거듭남을 체험하지 못했다면, 지금 당장 당신의 마음을 예수님께 드리기 바란다. 가장 중요한 것은 당신의 체험의 근원이신 주님이시다. 이 사실을 잊지 말라. 주님이 당신의 삶 속에 오셔서 당신이 지은 모든 죄악들을 용서해주시도록 초청하라. 그저 진솔한 몇 마디만으로도 족하다. 주님은 당신의 요청을 들어주실 것이다! 과거에 당신이 뉴에이지나 신비사술 등에 관여한 적이 있다면, 이 것들을 모두 취소하고 주님의 정결케 해주심을 간구하라. 구체적인 기도문은 이전 장을 참조하기 바란다.

2. 당신의 혼의 생명의 통치를 포기하기로 선택하라. 주님께 당신의 육신적인 본성을 십자가에 못 박아달라고 요청하라. 당신의 혼을 그리스도의 통치에 복종시키라. 그리스도의 통치에 복종하는 것이 당신의 혼의 기쁨임을 고백하라. 이제부터 당신은 혼의 결정에 따라 살지 않을 것이며 혼이 하자는 대로 따라하지도 않겠다고 선포하라.

3. 당신이 하나님의 성품과 뜻을 어기며 살아온 모든 영역들에 대해 예수님의 보혈로 정결케 씻기고 용서함을 받으라. 당신이 범죄한 것들을 겸손히 주님 앞에 고백하면 주님은 모든 죄를 용서해주신다. 주님은 당신의 죄악들을 동이 서에서 먼 것 같이 말끔히 제거해주신다. 더 이상 죄악은 당신의 영과 혼과 몸에 아무런 영향력도 행사하지 못한다고 고백하라. 당신은 죄의 종이 아니라 하나님의 종이며 하나님을 대표하는 모든 것들을 섬기는 자임을 고백하라.

4. 당신의 몸, 혼(지성, 의지, 정서들, 상상력, 애정 등을 포함), 영을 하나님의 목적을 위해 헌신하라. 당신의 전존재를 하나님의 영광을 위해 복종시키라. 당신의 육신적인 몸은 천국의 영광을 반사하는 그릇이다. 하나님의 영광과 임재가 당신의 전존재에 전폭적인 영향을 미치고 있다.

5. 모세처럼 믿음으로 '회막' 안으로 들어가라. '회막'이란 당신이 하나님과의 만남을 위해 날마다 성별해두어야 할 시간과 장소를 말한다. 이 때 당신은 철저히 주님께만 온 초점을 맞추기로 선택하라. 당신이 가지고 있

던 개인적인 목적들과 한날의 분주함은 모두 내려놓기로 선택하라. 기대감을 가지고 주님과 만나기로 선택하라.

6. 당신이 성령님을 향한 깊은 사랑과 경외감을 가지고 있음을 시인하라.
성령님은 당신의 인도자요 교사이시며, 도움과 위로를 베풀어주시는 분이다. 성령님은 당신을 모든 진리 가운데로 인도해주시며, 당신이 삶에서 열매를 맺게 해주시려고 늘 당신과 동행하신다. 날마다 예수님을 경배하고 날마다 영광스런 천국체험을 맛볼 수 있도록 성령님의 인도하심에 당신을 내어드리라.

7. 성령님이 주시는 경이로운 은사 중의 하나가 방언의 은사이다(고전 12:10; 14:2,4; 행 2:4). 방언의 은사는 당신의 속사람을 강화시켜줄 것이다. 당신은 방언의 은사로 말미암아 가장 거룩한 믿음 안에서 견고한 자로 변해갈 것이다. 날마다 집중적인 방언기도를 드린다면 당신의 영적 민감성은 훨씬 증대될 것이다. 방언기도는 하나님 나라의 신비들을 선언하는 것이요, 하나님의 능하신 행사들을 선포하는 것이다.

8. 믿음으로 천국의 영광을 들이마시라(drink). 요한복음 7장 37절에서 예수님은 누구든지 목마르거든 주님께로 와서 마시라고 하셨다. 과연 어떻게 해야 주님을 마실 수 있을까? 정답은 믿음으로이다. 자연적인 세계에서 당신이 무언가를 마실 때, 당신은 이를 꿀꺽 삼킨다. 당신이 액체를 마시면, 액체는 당신의 뱃속에 들어가 채워진다. 주님을, 주님의 사랑을, 주님의 지혜를, 주님의 진리를 마시는 방법도 이와 같다. 주님의 임재 안에 푹 젖어들라. 주님의 사랑을 당신의 마음과 삶에 빨아들이라. 충만함을 받으라. 성령님이 당신을 인도해 가실 것이다. 주님의 선하심을 날마다 마시라. 당신의 혼이 당신의 깊은 영의 우물 안에 있는 모든 것을 받아들이도록 허용하라.

9. 날마다 하나님의 말씀을 연구하라. 날마다 보다 깊은 차원의 방식으로 하나님을 알아가기 위해 힘쓰라. 주님을 초청하여 말씀에 대한 신선한 계시를 주시도록 구하라. 하나님의 말씀은 당신의 발의 등이요 당신의 길의 빛이시다. 하나님의 말씀에 순종하는 자는 결코 비틀거려 넘어지지 않는다. 당신이 주님 안에 거하고 주님의 말씀이 당신 안에 거하면, 당신은 열매를 맺고 기도하는 것마다 응답받는다. 하나님의 말씀은 당신의 지성을 둘러 보호해주시며 당신이 늘 진리 가운데 살아가도록 지켜주신다.

10. 영과 진리로 예수님을 경배하라. 주님이 얼마나 귀하고 소중한 분이신가를 시인하라. 당신이 믿는 하나님에 대한 영광스런 진리를 선포하라. 친밀한 사랑으로 당신의 마음을 하나님과 굳게 결합시키라. 당신은 삶에서 가장 높고 거룩한 존경을 하나님께 돌려드려야 한다. 그 어떤 것도 이를 빼앗을 수 없다. 주님의 아름다움과 영광을 바라보라. 삶의 가장 높은 자리를 주님께 내어드리라.

11. 주님의 임재 가운데 머물며 헌신적으로 중보의 기도를 드리라. 당신의 마음을 주님과 함께 나누고 당신의 필요를 주님께 알려드려라. 성령님이 가르쳐주시는 대로 다른 이의 필요를 위해 기도하라. 이 땅에 하나님의 나라가 점점 발전해가고 있음을 믿으라. 강력한 기도의 생활을 통해 당신은 하나님의 마음과 목적들을 잘 알게 될 것이다.

12. 주님 곁에 머물라. 쉬라. 귀를 기울이라. 주의하여 살피라. 주님이 새로운 계시와 통찰을 주실 것을 기대하며 기다리라. 주님의 임재를 음미하고 주님이 당신에게 보여주시는 바를 즐거워하라. 주님이 계시해주신 보물들을 당신의 신앙일지에 기록하고, 그 내용들을 하루 종일 깊이 묵상하라. 하늘 아버지께서 당신에게 보여주시는 것들에 반응을 보이라. 예수님은 이렇게 말씀하셨다. "아들이 아버지의 하시는 일을 보지 않고는 아무 것도 스스로 할 수 없나니 아버지께서 행하시는 그것을 아

들도 그와 같이 행하느니라"(요 5:19). 주님의 다양한 인도하심에 순종하라. 삶의 모든 행보가 주님의 영광의 세계 안에서 이루어지도록 헌신하라.

이상의 원리들은 당신이 주님께 초점을 맞추도록, 아울러 그리스도 안에서의 당신의 존재에 초점을 맞추도록 도와줄 것이다. 어찌됐든 이 과정을 통해 당신은 점점 더 강건해질 것이다. 매일 매일의 훈련을 통해 당신의 마음은 천국체험을 위한 준비를 갖춰가게 된다.

당신은 천국체험을 원하는가?

개인적으로 내가 다양한 천국체험에 입문하게 된 경위를 말하고자 한다. 우선 나는 나 자신과 내가 가진 모든 능력들을 성령님의 인도하심에 전적으로 복종시켜드렸다. 예수님을 경배하기 시작했고, 성령님의 이끄심에 순종하기 시작했다. 때때로 주님은 마음속의 어렴풋한 생각들이나 상상 속의 느낌들로 나를 인도해주신다. 내가 생각들과 상상들을 따라가는 것은 결코 아니다. 다만 내게 있는 능력들을 성령님께 온전히 내어드리면, 나의 생각들과 상상들은 성령님이 나에게 계시해주시려는 말씀들의 통로로 사용될 뿐이다. 나의 시선은 오직 주님께로만 향한다. 육신적인 생각들이나 상상들, 세상적인 가치들, 귀신들이 주는 영감 등에는 관심을 두지 않는다. "나는 낯선 이의 음성을 따르지 않겠다!"(요 10:5)고 선포한다. 나는 주님이 보여주시는 것이 당장은 아무리 희미해도 일단 믿기로 선택한다. 나에게 있어 모든 계시들은 영적인 실상과 동일하다. 대체로 우리는 생각들과 이미지들을 아직 구속되지 못한 혼의 통찰로 간주하고 쉽게 폐기처분 해버린다. 어떤 사람들은 이렇게 말하기도 한다. "아, 그건 그냥 제 생각이었어요!" 그러나 만일 우리가 자신을 성령님께 전적으로 복종시키고 거룩한 체험으로 인도해주시기를 간구했다면, 이제부터 일하시는 분은 주님이심을 반드시 믿어야 한다.

　수많은 크리스천들이 영적인 체험들과 천국체험들을 한다. 그러나 영적인 체험들을 식별해보려는 사람들은 많지 않다. 여기에는 이유가 있다. 이들은 타당한 영적 체험은 반드시 외관이나 느낌이나 소리들이 자신의 기대와 일치해야 한다고 믿는다. 예를 들어 어떤 이들은 셋째 하늘 체험을 해놓고도 이를 믿지 못한다. 황홀한 환상과 귀로 들리는 하나님의 음성을 듣지 못했다면서 말이다. 심지어 성령님께서 보좌에 관해 어렴풋한 통찰들과 생각들을 주시고 계신데도, 사람들은 이를 타당한 영적 체험으로 받아들이지 못한다.

　때로는 작고 세미한 음성이 큰소리로 들려오는 하나님의 음성보다 비록 더하지는 않을지라도, 최소한 동일한 정도의 권위를 가진다. 당신은 이 사실이 이해되는가? 성령님께서 보여주시는 희미한 통찰들이 결코 열린 환상에 비해 낮은 차원에 속한 계시가 아님을 알고 있는가? 이따금씩 나는 하나님의 음성을 귀로 듣기도 하고 황홀경 중에 열린 환상을 보기도 한다. 이러한 영적 체험들을 통해 나뿐 아니라 나의 간증을 듣는 이들 모두가 은혜를 받았다. 그러나 나의 경험에 비추어볼 때, 가장 중요하고 가장 좋은 결과를 가져온 영적 계시들 중 몇몇은, 사실상 하나님의 생각들과 하나님의 통찰들의 형태로 받은 것들이었다. 덧붙여 말하자면, 그것도 아주 어렴풋한 생각들과 통찰들이었다. 환상이나 계시가 주어지는 형태가 그 환상과 계시의 중요성을 결정하는 것은 아니다. 환상들과 영적 체험들 중에는, 외관상 지극히 세미하고 별로 중요해보이지 않아도 실제로는 엄청난 열매를 맺을 수 있는 것들이 많다. 하찮아 보인다고 해서 소홀히 취급하지 말기 바란다. 당신이 받은 아주 희미한 통찰들은 열린 환상만큼이나 타당성을 지닌다. 성령님이 주시는 것은 무엇이든 관심을 쏟고 진정한 영적 실상으로 기꺼이 수용하라.

때때로 당신의 자연적인 지성은 성령님의 계시를 쉽게 받아들이지 못할 수도 있다. 고린도전서 2장 14절은 우리에게 다음과 같이 가르친다. "육에 속한 사람은 하나님의 성령의 일을 받지 아니하나니 저희에게는 미련하게 보임이요 또 깨닫지도 못하나니 이런 일은 영적으로라야 분변함이니라." 자연적인 사람은 대개 하나님이 어떤 특정한 방식으로 계시를 주실 것이라고 생각한다. 그러나 하나님이 우리에게 하나님 나라를 계시하시는 방법은 하나님이 선택하신다. 우리는 보거나 감각되는 것에 의거하지 않고 오직 믿음과 순종으로 행할 수밖에 없다.

하나님의 말씀을 통해 영적인 세계로 들어가기

앞에서도 언급하였으나, 하나님의 말씀은 단순히 인쇄된 활자나 언어표현에 불과한 것이 아니다. 하나님의 말씀은 영원하고 영적인 본질이다. 예수님의 말씀은 "영이요 생명"이시다.

내가 천국체험에 들어가기 위해 사용하는 또 하나의 방법은, 성경이 말씀하시는 바를 단순히 믿는 것이다. 나는 성경말씀을 단순히 믿음으로써 영적 실상인 말씀의 생명 안으로 들어간다. 당신은 하나님의 언약의 자녀로서 약속의 말씀들을 붙잡기로 선택할 수 있다. 예를 들어, 당신이 구원받기를 갈망하여 구원에 관하여 계시받기를 원한다고 가정해보자. 당신은 삶을 그리스도께 드리라고 초청하는 특별한 음성이나 천사의 방문이 하늘로부터 임하기만을 마냥 기다릴 필요가 없다. 하나님의 말씀 자체를 근거로 하여 응답하면 되기 때문이다. 이 원리는 다른 모든 천국체험에도 동일하게 적용된다. 하나님의 말씀에 응답하는 것은 천국체험으로 향하는 또 하나의 길이다.

의심을 떨쳐버리고 믿으라

영적 체험을 방해하는 최대의 원수들은 의심과 불신앙이다. 이스라엘 백성들이 약속의 땅에 들어가지 못한 것도 불신앙 때문이었다. 그들은 하나님의 약속보다 눈에 보이는 환경을 더 신뢰하였기에 의심했다. 자연적인 감각으로 보이는 외적인 상황들은 더할 나위 없이 명백했다. 반면에 하나님의 약속은 눈에 보이지 않았다. 이스라엘 백성들은 자연적인 감각으로 이해될 수 있는 것만을 믿기로 선택했다. 결국 그들은 보이지 않는 하나님의 약속들을 부인하고 말았다.

종종 우리의 지성은 다음과 같이 말한다. "그건 영적 체험이 아니야. 다만 내 생각에 불과해." 물론 지성과 상상과 느낌들도 영적인 체험에 관여한다. 그러나 만일 당신에게 통찰을 주시는 분이 성령님이시라면, 당신 안에 든 그 생각과 느낌들은 보이지 않는 세계로 이어지는 연결고리가 된다. 일단 당신이 성령님의 인도하심을 구하는 기도를 드렸다면, 기도 후에는 더 이상 의심하지 말라. 성령님이 당신을 인도하고 계심을 믿으라. 당신을 인도하시는 분이 성령님이심을 더 많이 믿을수록, 당신이 보는 것을 보이지 않는 세계로 안내해주는 참된 연결고리로 더 많이 인정할수록, 당신은 더욱더 많은 영광의 체험들을 하게 될 것이다. 열쇠는 믿음이다. 의심은 모든 것을 물거품으로 만들어버린다. 의심은 두 마음을 품게 한다. 야고보서에 따르면 두 마음을 품은 자는 모든 일에 정함이 없다. 야고보는 두 마음을 품은 자는 무엇이든 주께 얻기를 생각지 말라고 말한다(약 1:6-8).

우리는 '영광학교(Glory Schools)'에서 학생들에게 성령님의 인도하심을 받으면서 천국체험을 하는 방법을 온라인으로 가르치고 있다. 후속 코스인 '영광에서 영광으로 학교(The Glory to Glory School)'에서는, 영광의 영역에 자유롭게 드나드는 방법을 꼬박 이틀 동안 가르친다. 학생들은 성령님의 인도하심을 신뢰하는 법을 배운다. 종종 학생들은 의심을 떨쳐냄으로써 엄청난 자신감을 얻곤 한다. 훈련을 받은 학생들 대부분이 다음처럼 고백한다. "그 일이 그렇게 쉬울 줄 예전엔 미처 몰랐어요." 영광스런 천국의 영역 안에서 살아가는 일은 아이들도 쉽게 이해할 수 있을 만큼 간단하다. 당신도 천국체험을 갈망하는가? 그렇다면 나와 함께 다음 기도문을 따라한 뒤에 받을 준비를 갖추기 바란다.

하늘에 계신 하나님 아버지!

제가 담대하게 주님의 보좌로 나아가도록 허락해주시니 감사합니다. 영적인 세계와 연결될 수 있도록 제 안에 영을 주신 것도 감사합니다. 주님의 임재 가운데 풍요롭고 뜻있는 영적 체험을 할 수 있도록 저를 이끌어주옵소서. 이를 통해 이 땅에서 제가 감당해야 할 사명과 주님과 동행하는 삶이 더욱 풍요로워지게 하옵소서. 그리스도를 아는 지식 안에서 저를 지혜와 계시의 영으로 충만케 하옵소서.

성령님, 제 자신을 주님께 온전히 복종시켜 드립니다. 성령님을 따라 영광스런 천국체험을 하기 원합니다. 지금 이 시간 나의 마음을 주님께 풀어놓습니다. 주님의 영광으로 충만케 하옵소서! 주님 가까이 저를 이끌어주시고, 천국에서 그리스도와 함께 있는 저의 위치에 대해 알려 주옵소서. 보이지 않는 하나님의 나라를 알게 하옵소서. 예수님의 이름으로 기도합니다. 아멘.

이제는 주님께 집중하라. 천상의 세계, 주님의 영광, 기쁨에 초점을 두라. 아무것도 감지되지 않더라도, 당신의 영(spirit)은 이미 거룩한 체험에 관여하고 있음을 기억하라. 당신의 혼(soul)은 영이 경험하고 있는 바를 여전히 모르고 있을 수도 있다. 믿음 안에 감사함으로 머물러 있으라. 놀라운 일들을 기대하라. 그리스도 안에서 새로운 기회의 문은 이미 열려졌다.

9장

번개와 용들
Lightnings and dragons

9장 · 번개와 용들 | Lightnings and dragons |

세계전역을 돌아다니는 풀타임 순회사역을 처음 시작했을 무렵이었다. 당시 우리 부부는 거의 집에 있을 틈이 없었다(사실 집에 있는 시간은 그때보다 요즘이 훨씬 더 적다). 한번은 선교여행에서 돌아온 후, 예언사역을 하는 몇몇 친구들을 초청하여 저녁식사를 함께 하기로 했다. 교제를 나누면서 주님이 그들과 우리 지역에 관해 주시는 메시지의 동향도 파악하기 위해서였다.

초대한 손님들이 도착할 시간이 다 되어가고 있었고, 나는 커피와 쿠키를 준비하는 중이었다. 그때 성령님께서 나에게 이렇게 말씀하셨다. "내가 지시하기 전까지는 네가 친구들과 이야기를 나누거나, 기도하거나, 환상에 관해 주고받거나, 심지어 예배조차 드리지 않기를 바란다. 내가 명령할 때까지 조용히 기다려라." 성령님의 말씀은 정말 뜻밖이었다. 나는 친구들과 어울려 이야기도 하고 친교도 나누는 신나는 저녁시간을 기대하고 있었다. 그런데 주님은 아마도 차분하고 고요한 묵상을 원하고 계신 듯했다.

영적 체험을 위한 가장 중요한 열쇠 중의 하나는, 당신 자신을 성령님의 인도하심과 지도하심에 전적으로 복종시키는 일이다. 성령님은 우리를 도우시는 분이요 가르치시는 분이다. 성령님은 우리를 모든 진리 가운데로 인도해주신다. 우리가 주님을 알아가면서 영적 체험을 할 때마다 성령님은 우리의 개인적인 멘토가 되어주신다. 성령님은 어떤 능력이나 영향력이 아니라 인격이시다. 성령님은 하나님의 영이시다!

이상의 모든 것을 잘 알고 있던 나는 그날 저녁에도 성령님의 인도하심에 복종했다. 비록 모든 걸 이해하진 못했어도 말이다. 우리는 집에 도착하는 손님들을 반갑게 맞아들였다. 모두가 모인 자리에서 나는 성령님께 받은 지시사항을 털어놓으며 이렇게 당부했다. "성령님의 인도하심이 있을 때까지는, 기도도 드리지 말고, 찬양도 하지 말고, 예언도 하지 말고, 환상을 나누지도 말고, 성경을 읽는 일조차 하지 않기로 해요. 우리는 다만 주님을 기다리는 거예요. 하지만 언제라도 주님이 뭔가를 하라는 사인을 주시면, 그때는 그 일을 하기로 합시다."

주님의 인도하심을 기다리는 것은 상당한 인내를 요했다. 크리스천으로서 우리들은 대체로 침묵과 고요를 불편하게 여긴다. 우리는 침묵을 깰만한 뭔가를 말하고 싶어 하는 경향이 있다. 그러나 그날 저녁 우리는 온 맘 다해 주님의 인도하심을 따르기로 동의했다. 이사야 40장 31절은 이렇게 말씀한다. "오직 여호와를 앙망하는 자는 새 힘을 얻으리니 독수리의 날개 치며 올라감 같을 것이요 달음박질하여도 곤비치 아니하겠고 걸어가도 피곤치 아니하리로다." (각주: 성경에서 독수리는 종종 예언사역과 기름부으심에 대한 상징으로 언급된다)

우리 모두가 주님을 기다리고 있었을 때, 얼마 지나지 않아 누군가가 기도하라는 성령님의 인도하심을 느꼈다. 그 후 또 한 사람은 찬양하라는 감동을 받았다. 성령님의 임재가 우리 위에 머물러 계셨고, 우리는 성령님의 인도하심을 그대로 따라갔다. 그날 저녁 우리는 너무도 감미로운 교제의 시간을 즐겼다. 또한 강력한 주님의 영광의 임재 가운데 예언의 기름부으심이 흘러나오기 시작했다.

번개가 치다!

성령님의 인도하심에 전적으로 순복하고 있는 동안, 갑자기 천정 중앙에서부터 방안으로 번쩍하고 번갯불이 비쳤다. 오, 이런 세상에! 도대체 무슨 일이 일어나고 있던 걸까? "번개가 쳤어요!" 내가 큰 소리로 외쳤다. 우리는 모두 집안에 있었다. 우리 모두는 이 현상이 무엇인지를 알아차렸다…. 음, 단 한 사람만 제외하고 말이다.

우리 그룹 중에 어떤 한 사람이 있었다. 사실 그는 예언적인 민감성을 가진 사람은 아니었다(다만 그날 저녁 우리 모임을 돕기 위해 와준 사람이었다). 그가 말했다. "전기시스템에서 단락현상이 발생한 것 같아요. 방 중앙에 조명시설이 있잖아요. 아마도 단락현상 때문에 조명기구가 잠시 반짝하고 빛난 건지도 몰라요."

물론 나머지 사람들 모두가 그 번갯불이 주님의 실제적인 방문이었음을 확신했지만, 우리는 그 '회의론자'의 말을 존중해주기로 했다. 그리고는 의심의 여지를 모두 없애기 위해 천정에 달린 조명기구의 전원을 껐다. 다만 주변을 밝히기 위해 촛불 몇 개와 테이블 램프 두 개만 켜놓기로 했다.

우리는 계속해서 주님의 인도하심을 기다렸다. 그때 첫 번째와 동일한 지점에서 다시금 번갯불이 번쩍하고 비쳤다. 이런! 거룩한 표적과 기사가 우리를 방문하고 있었다! 모두가 흥분을 감추지 못하고 있는 동안, 여전히 그 회의론자만은 번개현상에 대해 의문을 제기했다. "이번에도 단락현상으로 인해 발생한 불빛이 테이블 램프에 반사되어 나타난 현상일 수도 있지 않을까요?" 회의론자들이란 정말 대단한 사람들이다. 그렇지 않은가? 회의론자들은 우리의 믿음을 테스트한다. 어찌됐든 우리에게는 잘 된 일이다!

결국 우리는 이 현상을 한 번 더 테스트해보려고 테이블 램프의 불마저 껐다. 남은 것은 오직 몇 개의 촛불뿐이었다. 촛불만 방안을 비춰주고 있었다. 우리는 계속해서 주님을 기다렸다. 머지않아 방안에 또 다시 번개가 내리쳤다. 한 번이 아니었다. 치고, 치고, 또 쳤다. 그날 저녁 번갯불이 번쩍인 횟수는 무려 총 여섯 번이었다. 우리는 흥분의 도가니에 빠져들었다.

여전히 주님을 기다리고 있는 동안, 주님은 우리에게 하나님의 번개에 관하여 통찰을 주셨다. 자연계에서 번개는 대기권 안의 이온들(전기적으로 대전된 입자들)을 질서 있게 만들어준다고 한다. 자연에서 발생하는 이러한 활동으로 인해 공기는 신선하게 정화된다. 번개는 토양의 분자구조도 바꿔놓는다. 농부들은 번개가 치면 무척 좋아한다. 번개가 땅에 심겨진 씨앗의 성장을 촉진시켜주기 때문이다. 한편 번개는 가장 높은 지점을 강타한다. 무엇이든 번개를 맞으면 대개 망가져버린다. 음… 번개가 지니는 이러한 속성들은 다양한 의미의 예언적 그림으로도 이해할 수 있을 것 같다. 교만을 부서뜨림, 영적인 공기를 정화시킴, 마음 밭에 심겨진 말씀의 씨앗의 성장을 촉진시킴 등. 이뿐 아니라 주님은 하나님의 번개에 관하여 수많은 것들을 보여주셨고, 이를 예언적으로 어떻게 적용해야 하는지도 알려주셨다. 그 후 성령님은 우리를 주님의 몸 된 교회 안에 주님의 번개를 풀어놓아달라는 기도를 드리도록 인도해가셨다.

그날 밤 우리는 계속해서 하나님의 번개와 천둥, 기타 다양한 영적 현상들을 통한 주님의 방문을 체험했다. 요한계시록 4장 5절은 보좌에 천둥과 번개가 있다고 말씀한다. "보좌로부터 번개와 음성과 뇌성이 나고." 그밖에 하나님의 번개를 확증해주는 성경구절들로는 요한계시록 8:5; 11:19; 출애굽기 19:16; 20:18; 시편 97:4 등이 있다. 예레미야 10:13; 51:16; 시편 135:7에서 우리는 하나님의 번개와 비와의 연관성을 발견한다. 비는 종종 부흥의 표징이다. 주님은 새로운 성령의 부어주심을 행하시기에 앞서, 우선 하나님의 번개라는 초자연적이고 예언적인 표징을 보내주시는 것 같다.

나는 열린 환상 중에서 빛의 물체들 혹은 '오르브(orb)' 라 불리는 것들을 볼 때가 있다. 미리암 웹스터 온라인 사전에서 '오르브(orb)' 는 '구면체, 특히, 둥근 천상의 물체' 라고 정의된다. 우리 팀이 보았던 오르브들은 다양한 크기와 빛깔로 이루어진 빛의 고리형상이었다. 이따금씩 우리는 이런 빛의 고리들을 텔레비전 카메라 촬

영시에나 사진 속에서도 본다. 언젠가 한 컨퍼런스에서 목격한 오르브들의 사진을 크게 확대해본 적이 있었다. 놀랍게도 아주 크고 푸른빛의 오르브였는데, 마치 바퀴들 안에 바퀴들이 들어있는 듯 한 모양이었다. 현재 수많은 크리스천들이 이런 종류의 빛의 현상을 목격하고 있다. 그러나 어떤 이들은 우리에게 다음과 같은 의문을 제기한다. "오르브는 뉴에이지에 속한 것입니다." 물론, 이들의 말은 틀렸다.

우리는 반드시 근원이 무엇인지를 확인해야 한다. 둥근 모양의 빛의 고리는 디지털사진 촬영 시의 빛의 굴절로 인한 현상일 수도 있다. 이럴 경우 빛의 고리는 초자연적인 현상이 아니라 자연적인 현상으로 말미암은 것이다. 그러나 빛의 고리가 하나님의 능력으로 만들어지고 나타난 것이라면, 이는 표적과 기사의 영역에 속하는 일이다. 이때 당신은 하나님께 대한 경외감으로 반응할 수밖에 없게 된다. 대체로 나는 표적과 기사를 보는 순간에는 내 영이 활기를 띠고 흥분됨을 느낀다. 성경은 우리 하나님이 "빛들의 아버지"(약 1:17)라고 가르친다. 하나님은 만물의 창조주이시다. 하나님은 빛도 창조하셨다. 대체로 뉴에이지 운동들에 관여하는 이들은 대단한 영적 민감성을 가지고 있다. 아마도 이들은 영의 세계에 속한 것들도 잘 볼 수 있을 것이다. 우리는 초자연적인 현상의 근원이 무엇인지를 잘 분별해내야 한다. 성경은 사단도 마치 광명의 천사인 양 스스로를 가장한다고 말씀한다(고후 11:14). 우리는 진리를 위조한 귀신들이 다양한 형태로 나타날 수 있음을 잊지 말아야 한다. 신자들인 우리는 이미 영들을 분별하는 은사를 가지고 있으므로, 쉽게 차이점을 분별해낼 수 있다. 완벽한 빛이신 하나님의 임재 가운데 더 많은 시간을 보낼수록, 거짓을 분별하는 일도 그만큼 쉬워진다. 보이지 않는 영역에서 하나님의 번개들, 오르브들, 천둥들은 매우 실제적으로 존재한다. 오직 경배하는 마음만으로 주님의 인도하심을 기다렸던 그날 저녁, 우리의 마음은 이러한 영적 현상들에 대해 보다 깊은 차원의 깨달음을 얻을 수 있었다.

또 다른 물결

얼마 후 손에 만져질 듯했던 주님의 임재가 사그라지면서, 나는 이제 우리가 커피라도 마시면서 잠시 쉬면 좋겠다고 생각했다. (나는 유별나게 커피를 좋아한다. 물론 거룩하고 정결한 커피에 한해서 말이다!) 내가 막 휴식시간을 제안하려고 할 때, 갑자기 한 친구가 이렇게 말했다. "제 느낌에, 우리가 계속해서 주님의 인도하심을 기다리면 주님이 또 다른 방문의 물결을 보내주실 것 같아요." 좋지! 그 일이라면 커피쯤이야 안마시면 어떠랴. 아무리 정화된 커피라 하더라도 말이야! 이는 우리가 깊이 생각해봄직한 아주 중대한 사안이다. 너무나도 자주 우리는 충분한 시간을 두고 주님을 기다리지 못한다. 우리는 기도시간이나 영적 체험의 자리를 성급히 떠나감으로써, 주님이 베풀어주시려는 다음 차원의 계획을 상실해버릴 때가 많다. 주님을 기다리며 머물러있는 것은 매우 중요하며, 이는 성경 전체에 걸쳐 발견되는 모습이기도 하다.

그날 밤 우리는 계속해서 주님을 기다렸다. 우리 자신의 갈망을 좇지 않고 오직 성령님의 지시하심에만 반응하기로 다시금 결심했다. 성령님의 개입하심에 순종해 감에 따라, 손으로 만져질 듯 육중한 주님의 임재가 또 다시 우리를 방문하기 시작했다. 전혀 뜻밖에 내 입에서 방언의 은사가 터져 나오기 시작했다. 내가 방언기도를 드린 것은 아니다. 오히려 마치 방언으로 설교를 하고 있는 듯 느껴졌다.

의미를 알 수 없는 방언은 일종의 중국방언처럼 들렸다. 한 가지 사실만은 확실했다. 나는 이런 언어를 이제껏 한 번도 사용해본 적도 없고, 이런 식으로 말해본 적도 결코 없었다. 방에 있던 다른 친구들도 나와 합류하기 시작했다. 그들 대부분은 동양적인 형태의 다양한 언어들을 방언으로 말하고 있었다.

용

잠시 동안의 방언설교 후, 나는 문득 내가 영으로 몽골의 어느 중국인 마을에 가 있음을 깨달았다. 그때 보았던 산허리며 작은 집들, 작은 마을을 관통하고 있던 먼지 투성이의 큰길 등은 지금까지 기억에 생생하다. 사람들은 각자 일상생활로 이리저리 분주한 모습이었다. 나는 그 마을을 둘러싸고 있는 영의 세계도 볼 수 있었다. 아주 크고 사나운 녹색의 용이 거주지 위의 하늘을 어슬렁거리고 있었다. 용은 변화가 혹은 큰길 바로 위의 지점에 자리를 잡고 있는 듯했다. 나는 그 용이 이 몽골지역을 장악하고 있는 귀신임을 알아차렸다. 이 마을은 속임수와 통제를 행하는 용의 세력에 포위되어 있었다.

그 용은 나를 볼 수 없었다. 나는 용보다 더 높은 곳에 있었으며, 계속해서 '새 방언'으로 엄청난 확신과 열정을 가지고 선포의 폭풍을 일으키고 있었다. 방언으로 선포하는 동안 나는 주님의 힘과 권능을 문자 그대로 느낄 수 있었다. 우리를 영적 전쟁으로 부르실 때, 주님은 우리에게 하늘의 관점을 주기를 원하신다. 용들과 대면하는 동안, 용들보다 아래에 있지 않고 위에 있다는 건 정말 좋은 일이다. 그렇지 않은가?

예수님은 지금 가장 높은 하늘에 위치해 계신다. 예수님이 계신 하늘은 모든 정사와 권세보다도 훨씬 높은 자리이다. 주님은 만물을 주님의 발아래 복종시키셨다. 우리도 분명히 하늘에서 주님과 함께 앉아있는 자들이다. 방금 전 소개한 체험에서, 알지 못하는 방언으로 강력한 전투의 선포를 외치는 동안, 내내 나는 확실히 용의 영보다 높은 위치에 있었다.

이 환상에서 나는 갑자기 용이 세력을 잃어가고 있는 것을 보았다. 마치 방언의 언어들이 문자 그대로 화살이 되어 용의 생명의 원천을 꿰뚫고 있는 듯했다. 용은 땅바닥에 쓰러져 죽은 것 같았다. 마침내 환상 속에서 나는 그 중국인 마을에 어마어마한 성령의 부어주심이 임하고 있는 모습을 목격했다. 그 마을 전체가 그리스도께로 돌아왔다. 마을사람들의 눈이 뜨여서 진리를 보게 되었다. 이 체험을 통해 주님은 다음과 같은 사실을 알려주셨다. 하늘에서 벌어졌던 전쟁은 이미 승리했으며, 이제 몽골지역에는 갑작스런 추수의 계절이 시작될 것이다. 이 은총의 계절에 몽골지역의 수많은 이들이 그리스도께로 돌아올 것이다.

이 환상을 본 이후로 나는 몽골에서 복음을 전하고 있는 사역단체들과 친분을 갖게 되었다. 이들은 몽골지역에서 일어난 놀라운 하나님 체험들에 관한 소식을 전해주었다. 그 나라의 특정지역들에서는 하나님의 권능이 가시적으로 드러나면서 엄청난 영혼의 추수가 이루어지는 중이라고 한다.

당신이 천국에 관한 환상이나 황홀경을 체험하게 되면, 주님은 그 체험에 관한 예언적 해석과 깨달음도 함께 주신다. 때때로 주님은 환상을 보는 동안 해석을 주시기도 한다. 그러나 영적 체험에 관해 보다 깊은 깨달음과 통찰을 얻기 위해 계속해서 주님을 추구해 들어가야 할 때도 있다.

이 예언적 전쟁을 치르고 난 뒤, 나는 환상의 내용을 방안에 있던 다른 친구들과 함께 나누었다. 우리는 성령님으로부터 더 많은 통찰을 받기 위해 기도했다. 이 같은 상황에서 주님은 우리를 이끌어 높은 수준의 전략적 중보기도와 전쟁을 수행케 하실 때도 있다.

이 사건 이후, 나는 몇 번인가 용들과의 대결을 펼친 적이 있었다. 한번은 타이

완에서 순회사역을 하고 있을 때였다. 어느 날 밤 한참 경배를 드리고 있었다. 주님께서 나에게 황금색깔의 용의 환상을 보여주셨다. 그 용은 그 지역을 장악하고 있는 맘몬의 영을 상징하고 있었다. 주님은 나에게 어떻게 해야 진리의 메시지를 선포할 수 있을지 지혜를 주셨다. 주님은 이 진리의 메시지를 듣는 주님의 백성들 안에 정복하는 믿음을 풀어주기를 원하셨다. 그들 중 수많은 이들이 맘몬의 영인 이 황금용의 세력에 시달리고 있었다. 메시지가 끝나갈 무렵이 되자, 사람들은 기도하며 회개하기 시작했다. 집회 도중에 초자연적인 일들이 갑자기 터져 나오기 시작했다. 수많은 사람들의 손바닥에 금빛 가루가 떨어졌다. 한 나이어린 남자아이가 견직물로 된 금색의 강단커버를 약 10미터 높이의 천정 위로 던졌다. 그 강단커버는 약 40분 동안이나 떨어지지 않고 천정에 그대로 납작하게 붙어있었다. 그 소년은 그 천이 떨어지게 해달라고 주님께 기도했고, 기도를 드리자마자 강단커버는 아래로 떨어졌다. 이러한 일들은 집회에 참석한 사람들에게 표적이 되었다. 이 표적들은 주님의 영광과 권능이 용의 세력을 훨씬 능가함을 보여주고 있었다. 그 다음날 우리는 대중식당에서 많은 영혼들을 주님께로 이끌 수 있었다. 이는 다만 전리품의 일부였다. 이 사건이 발생한 지 일주일이 지난 후, 우리의 텔레비전 프로그램은 아시아의 일곱 개 나라에 방송을 내보내기로 계약을 맺었다. 이중에는 물론 타이완도 포함되어 있었다. 또 다른 전리품이었다!

그날 저녁 우리 집 거실에서의 사건 이전까지만 해도, 나는 사람들이 용에 관해 이야기하는 것을 한 번도 들어본 적이 없었다. 물론 용들의 실체에 관한 증거는 성경에서 얼마든지 있음을 알고 있었지만 말이다. 다음은 용에 관해 언급된 성경구절들이다. .

그 날에 여호와께서 그 견고하고 크고 강한 칼로 날랜 뱀 리워야단 곧 꼬불꼬불한 뱀 리워야단을 벌하시며 바다에 있는 용을 죽이시리라(사 27:1)

> 하늘에 전쟁이 있으니 미가엘과 그의 사자들이 용으로 더불어 싸울쌔 용과 그의 사자들도 싸우나(계 12:7)

우리 집 거실에서의 사건 이후 약 1년가량이 지났을 때, 한 선교사 친구로부터 네팔에 사는 젊은 크리스천의 이야기를 전해 들었다. 이 젊은이는 외딴 지역들을 돌아다니며 지냈는데, 그가 지나는 마을들은 모두 복음화가 되었다. 자연히 그 지역의 다른 선교사들은 그 젊은이에 대해 궁금해지기 시작했다. 지역들을 장악한 귀신의 세력이 어찌나 강하던지, 그 젊은이만큼 강력하게 돌파해내는 복음전도는 이제까지 처음 겪는 일이었다. "자네는 도대체 어떻게 그 일을 할 수 있었는가?"

단순한 믿음을 지녔던 그 청년은 사람들의 질문에 이렇게 대답했다. "오, 아주 쉬워요. 저는 가장 먼저 용을 죽였어요." 그는 귀신의 억압이 심한 이 지역 출신의 청년이었다. 구원받기 이전부터 이미 그는 사람들을 괴롭히는 이 영적 귀신의 실체를 아주 잘 알고 있었다. 주님을 영접하고 난 후, 그에게 있어 그리스도 안에서 부여받은 권세로 용들을 죽이는 일은 너무도 당연했다.

이 내용을 들으면서 아마 여러분 중에는 소리 없이 저항의 비명을 지르고 계신 분들도 계실 듯하다. 그동안 서구교회는 방대한 가르침들을 통해 귀신의 실체들에 대한 두려움을 조장해왔다. 교회는 그리스도를 믿는 신자들에게 하늘에 속한 악한 영들을 다룰 권리는 없다고 가르쳤다. 물론 나는 하늘이라는 싸움터에서 우리가 매우 신중해야 함을 전적으로 믿는다. 또한 이러한 사고를 바탕으로 한 수많은 가르침들에 대해 감사하게 생각한다. 그러나 성경은 다음과 같이 말씀한다. "네가 사자와 독사를 밟으며 젊은 사자와 뱀을 발로 누르리로다"(시 91:13). 우리의 위치가 그리스도 안에 있음을 기억하라. 우리가 주님 안에 있을 때, 만물은 우리의 발아래에 있다. 위의 시편 91편 말씀에서 '우리가 발로 누르다'라는 표현에 주목하라. 땅에서 하늘을 향해 목표물을 쏘아 맞히는 게 아니다. 중요한 것은 우리가 영 안에서 어떤 위치에 있느냐이다.

고려할 점들

에베소서 6장은 우리의 싸움이 혈과 육에 대한 것이 아니라 악한 영들에게 대한 것이라고 가르친다. 신자는 우리의 대장이자 사령관이신 만군의 주 하나님의 지시를 이탈하여 영적 전쟁을 해서는 안 된다. 영적 전쟁을 수행함에 있어 신중함은 절대적으로 필요하다. 자연적 영역이든 영적 영역이든, 전쟁터는 결코 놀이터가 아니다.

신자들에게는 "원수의 모든 능력을 제어할 권세"(눅 10:19)가 있다. 신자들은 아무리 계급이 높은 귀신들이라도, 심지어 상대가 사단이라 하더라도 결코 두려워해서는 안 된다. 골로새서 2장 15절은 그리스도의 승리로 말미암아 모든 귀신의 세력들이 이미 무장해제당하고 패배하였다고 분명히 말씀한다. 마태복음 28장 18절은 하늘과 땅의 모든 권세가 그리스도께 주어졌다고 증언한다. 그리스도의 권세가 땅뿐 아니라 하늘에도 속했다는 성경의 표현에 유의하기 바란다. 주님 안에서 우리도 권세를 가졌다!

그리스도 안에서 우리가 권세를 지닌 것이 분명하다 하더라도, 성령님의 승인이나 인도하심 없이 영적 전투에 착수해서는 안 된다. 마귀가 오는 것은 도적질하고 죽이고 멸망시키려는 것뿐이지만, 예수님이 오신 것은 우리로 하여금 생명을 얻게 하고 더 풍성히 얻게 하려 하심이다(요 10:10).

오늘날 중보기도전쟁과 그 배역행위에 관한 탁월한 가르침들은 언제든 쉽게 입수할 수 있다. 영적 전쟁에 관한 기초적이고 양질의 가르침들을 확보해놓으라고 여러분께 신신당부하고 싶다. 또한 영적 전쟁에 착수하기 전에 반드시 책임성을 꼼꼼히 따져보라고 권해드리는 바이다. 나는 앞으로 도래할 시대에는 하나님 나라의 권세와 행정체제가 주님의 몸 된 교회를 통해 매우 강력한 방식들로 행사될 것을 믿는다. 이 일은 영적혁명의 일부가 될 것이다. 주님의 몸 된 교회는 권세를 온전히 행사하면서 하나님께 영광을 돌려드릴 것이다. 이제 우리 모두 준비를 갖추고 주님 안에서 우리 자신을 세워나가도록 하자.

마지막 영광의 물결

그날 저녁 번개들과 용들 죽이기 등의 영적 체험이 거의 마무리되어 갈 시점에, 성령님은 우리를 또 다른 영광의 물결로 인도해주셨다. 그 영광은 영의 완전한 쉼이라는 형태로 찾아왔다. 주님의 임재의 무게가 마치 묵직한 담요처럼 우리 위에 머물렀다. 사람을 깊은 잠에 빠뜨릴 수 있을만한 임재였다(사실은 이것도 일종의 영적 체험이다-창 2:21). 우리는 내적인 만족감을 느꼈고, 그날 저녁의 주님의 방문이 거의 끝나가고 있음을 모두가 알고 있었다. 물론 주님은 계속해서 우리들 각자 안에 머물러 계셨지만 말이다. 우리가 영적 방문을 경험하고 있지 않은 순간에도, 주님은 결코 우리를 떠나가지 않으신다. 주님의 사랑을 철회하신 적도 없으시다. 우리가 주님의 가시적인 임재를 깨닫지 못하더라도, 그리스도는 영원히 우리와 함께 계신다. 얼마나 경이로운 주님이신지!

그날 저녁 이후로도 나는 영의 세계에서 많은 방문들을 경험해왔다. 주님은 놀라운 방법들을 통해 주님의 영광을 계시해주셨다. 때때로 하나의 영적 체험은 또 다른 체험의 문을 여는 열쇠가 된다. 그날 저녁의 체험은 확실히 그랬다. 그동안 나는 우리 사역 팀에 속한 많은 이들과 함께, 보좌의 영광, 천국의 색깔, 영광의 구름들, 하나님의 불, 성령님의 바람들을 체험해 왔다. 주님을 더욱더 추구하고 기다릴수록, 주님은 보다 많은 것들을 계시해주신다. 주님은 아주 멋진 분이시다!

그날 밤 우리가 함께 했던 시간은 처음부터 끝까지 그야말로 완전히 놀랄만한 것이었다. 그날 경험한 일들을 영원히 잊지 못할 것 같다. 번갯불, 몽골지역의 용들, 그리고, 아, 그렇지! '고마운' 커피와 교제…. 이 얼마나 경탄할만한 저녁이었던가!

10장

천상의 존재들
Heavenly beings

10장 · 천상의 존재들 l Heavenly beings l

천사들이나 천상의 생물들, 천상의 존재들의 출현은, 오늘날과 같은 영적혁명의 계절을 특징지어주는 표식인 듯싶다. 어디를 가든 구원받은 자나 구원받지 못한 자나 나이를 불문하고 공통적으로 말하는 것이 있다. 보이지 않는 세계에서 온 생물들의 출현에 관한 이야기이다.

1995년에 나는 처음으로 눈을 뜬 채 환상으로 천사의 존재를 보았다. 그때 우리는 몇 명이 그룹을 이루어 우리 집에 모여 중보기도를 하고 있었다. 기도를 드리던 중 위를 쳐다보았는데, 열린 환상으로 거대한 천상의 존재가 보였다. 우리는 1층 거실에 모여 있었다. 우리 집은 2층짜리 개방형 구조로 되어 있었다. 2층 발코니에 있는 부엌에 서면 집 전체가 한눈에 내려다보였다. 내가 본 그 천사는 몸체만으로도 2층 공간 전체를 가득 채우고 있었다. 천사의 머리꼭대기는 천정을 뚫고 지나가고 있었다. 천사의 날개들 중 하나가 거실 전체에 뻗어 있었는데, 벽을 통과하여 집의 바깥쪽까지 감싸고 있었다. 날개의 폭은 대략 6미터 이상은 되어 보였고, 높이는 약 2미터 정도인 듯했다. 천사의 키는 실제로 6미터 정도는 될 것 같았다.

천사의 모습으로 인해 받은 충격으로 나는 비명을 지르고 말았다. 성경에서 천사들이 천사의 방문을 받은 사람들에게 의례적으로 "두려워 말라"고 격려하는 이유가 이해되었다. 그 천사는 아주 경이로운 생물이었다. 천사를 본 것은 정말 상상치도 못했던 일이었다. 안타깝게도 내가 외마디 비명을 지르자마자 천사의 모습이 사라졌다. 참으로 애석한 일이었다. 때때로 우리가 자연계에서 보이는 반응은 영적 세계에 대한 민감성에 충격을 준다. 하지만 천사의 환상을 본 이래로 약 3일 동안 집안에서는 계속해서 거룩한 임재가 느껴졌다.

얼마 후 나는 주님께 왜 주권적으로 나에게 천사의 방문을 허락하셨느냐고 여쭤보았다. 당시 우리의 사역은 정사급 귀신으로부터 큰 공격을 받고 있었다. 아마 이 천사는 사역에 관해 우리에게 확신을 주기 위해 찾아왔던 것으로 보인다. 천사들은 사명을 위임받아서 파송된다. 천사들의 임무 중 하나는 "구원 얻을 후사들을 위하여 섬기"(히 1:14)는 일이다. 신자들의 필요에 따라 천사들이 하는 일도 천차만별이다. 그러나 이번 천사의 방문을 통해 우리는 확실한 안전감과 보호의 느낌을 받게 되었다. 그때 이후부터 전쟁은 점차 사양길로 접어들었고 돌파구가 마련되기 시작했다. 천사의 방문을 받은 이래로 나는 수개월 수년에 걸쳐 여러 번의 방문을 더 받았다. 캐나다 전역을 순회하며 사역할 때에도 이 천사를 본 적이 있었다. 천사가 내 앞에 서 있을 때에는 하늘이 보이지 않을 정도였다. 내가 영으로 미국의 국회의사당 건물에 갔을 때에도 그 천사가 나타났다. 하나님이 우리에게 위임하신 천사는 평생토록 우리 곁에 머문다고 한다. 왜냐하면 "하나님의 은사와 부르심에는 후회하심이 없"기 때문이다. 이는 내가 매우 존경하는 어느 하나님의 사람에게서 들은 말이다. 난 이 견해가 퍽 마음에 든다.

천국의 자원조달청에서 파송된 천사들

몇 해 전의 일이다. 우리의 핵심 팀원들이 주님께 위임받은 사역을 위해 중보기도를 드리고 있었다. 이 사명을 성취하려면 이전과는 비교할 수 없는 높은 수준의 믿음과 막대한 재정이 필요했다. 기도모임이 이루어지는 동안 나는 천국의 자원조달청으로 보이는 한 환상을 보았다. 금과 은을 비롯하여 온갖 종류의 필수품들이 보였다. 주님은 성경에서 "은도 내 것이요 금도 내 것이니라"(학 2:8)고 말씀하셨다. 또한 성경은 다음 사실도 분명히 언급하고 있다. "나의 하나님이 그리스도 예수 안에서 영광 가운데 그 풍성한대로 너희 모든 쓸 것을 채우시리라"(빌 4:19). 폴 키스 데이비스(Paul Keith Davis)나 찰리 로빈슨(Charlie Robinson), 샨 볼츠(Shawn Boltz) 등과 같은 내 친구들은 이미 이와 비슷한 천국의 장소들을 본 적도 있고, 이곳들에서 일하는 천사들을 만난 적도 있다.

그날 천국을 얼핏 엿보고 있는 나에게 주님은 우리 사역을 돕기 위해 천국의 자원조달청에서 천사들을 보내주겠다고 말씀하셨다. 이 천사들은 하나님의 언약의 자녀들을 위해 마련된 공급원들을 가져다주는 일로 우리를 돕는다. 이 천사들은 하나님이 우리 손에 맡겨주신 모든 사명들의 성취에 필요한 공급원들도 전달해준다. 그때 이후로 우리는 거듭되는 기적적인 공급을 통해 하나님 나라를 위한 많은 사명들을 성취할 수 있었다. 전 세계의 빈민들을 위해 옷과 음식도 제공할 수 있었고, 우리 개인의 필요뿐 아니라 사역의 위임명령을 이루기에 필요한 온갖 자원들도 공급받았다.

우리는 지금 영적혁명의 시대를 살아가고 있다. 이러한 시기에 신자들은 보이지 않는 기적적인 영역을 통해 자신의 필요를 채우는 방법을 배우게 될 것이다. 공급과 관련된 사안에 직면할 때마다, 서구세계의 크리스천들은 쉽게 자신의 이해와 세상적인 수단만 의지하려 한다. 우리는 예수님이 그러하셨듯이 초자연적인 영역 안에서 행해야 한다. 오병이어의 기적을 행하시면서 예수님은 하늘을 우러러보시고 음식을 축복하셨다(막 6:41). 예수님은 천국의 관점을 가지고 살아가셨고, 영광의 영역에 늘 연결되어 계셨다. 예수님이 놀라운 기적을 행하실 수 있었던 이유도 여기에 있었다. 하늘과 땅이 맞닿았다! 열왕기하 19장 5-8절에서, 엘리야가 이세벨을 피해 도망할 때, 하나님의 한 천사가 와서 음식과 물을 공급해주었다. 엘리야는 천사로부터 공급받은 물과 음식을 통해 힘을 얻었다. 이런 일이 바로 당신에게도 일어날 수 있다.

주님은 종종 나에게 천국의 창고에 들어가서 자원들을 받아오라고 말씀하신다. 나는 이 일을 믿음으로 행한다. 천국의 창고는 비가시적인 영역에 속하기 때문이다. 성령님의 인도하심에 따라 믿음의 행동을 하고나면, 반드시 그 자원들은 자연적인 영역에서 가시적으로 나타난다. 자원들은 때로는 몇 시간 만에 나타나기도 하고, 때로는 수개월 만에 나타나기도 한다. 주님의 영광의 임재 안에는 믿음으로써만 이해할 수 있는 부요들이 있다. 하나님께로부터 임명받아 온 천사들이 우리가 이 일을 할 수 있도록 돕는다.

몇 년 전의 일이다. 나는 한 번영의 천사(자원들을 관리하는 것이 그 천사의 임무였다)의 방문을 받았다. 하나님은 모든 자녀들이 부요케 되기를 원하신다. 성경이 말하는 진정한 부요란 충분하고도 남을 만큼 누리게 됨을 의미한다. 당신이 진정으로 부요한 자라면, 주님께 대한 경배의 일부로서 터무니없이 많은 양을 드릴 만큼 늘 풍성할 것이며, 자신의 필요뿐 아니라 다른 사람들의 필요를 채워주고도 남을 정도로 늘 여유로울 것이다. 주님은 우리를 부르시어 축복이 될 수 있는 자들로 복주셨다. 참된 부요는 은행의 잔고와는 아무런 상관이 없다. 얼마나 많은 자산을 소유하였는지, 입고 있는 옷이 어떤 브랜드인지, 무슨 자동차를 타고 다니는지 등과도 관계가 없다. 부요란 영적인 힘이며, 결코 세상의 기준으로는 정의내릴 수 없다.

주님이 나를 부요의 천사에게 인도해주셨을 때, 주님은 나에게 이 천사를 주님의 이름으로 이따금씩 다양한 사역단체들과 개인들에게 파송하라고 지시하셨다. 수년간에 걸쳐 주님의 인도하심에 순종한 결과로 얻어진 열매들은 지극히 놀랄만한 것들이었다. 하나님은 모든 것에 차고 넘치는 분이시다. 하나님은 피조물인 천사들을 통해 이 영역들에서 하나님의 언약의 자녀들을 섬기게 하신다.

각종 형상과 크기의 천사들

천사들, 천상의 존재들, 천상의 생물들의 유형은 매우 다양하다. 이들은 수천 년 동안이나 계속해서 주님의 임재 안에 서 있는 존재들이다. 천사들이 우리에게 올 때면 엄청난 주님의 영광이 함께 수반된다. 그러나 천사들이 아무리 영광스러운 존재들이라 해도, 우리는 결코 천사들을 숭배하거나 찬미해서는 안 된다.

천사들은 언제나 우리 주변에 머물러 있다. 당신은 그들의 임재나 사명을 거의 눈치 채지 못할 때가 많다. 천사들이 하는 일들은 대부분 우리가 알지 못하도록 은밀하게 이루어진다. 결과적으로 우리는 경배의 초점을 늘 그리스도께만 맞출 수 있게 된다. 천사들의 방문이 증가되는 시기 동안에, 신자들은 천사들의 임재를 깨닫고 천사들 및 천사들에게 할당된 임무들을 식별할 수 있는 분별의 은사를 받기도 한다.

초대교회는 수없이 많은 천사들의 방문을 받았다. 사도행전 5장 18-20절에서는, 한 천사가 베드로를 비롯한 사도들을 감옥에서 구출해내었다. 그 천사는 그들이 감옥에서 풀려난 뒤 해야 할 일에 관해서도 지시하였다. 사도행전 12장에서 우리는 베드로가 다시 감옥에 갇히게 된 장면을 만난다. 7절은 이렇게 증언한다. "홀연히 주의 사자가 곁에 서매 옥중에 광채가 조요하며 또 베드로의 옆구리를 쳐 깨워 가로되 급히 일어나라 하니 쇠사슬이 그 손에서 벗어지더라."

천사들의 사역이 이루어지는 동안에는 초자연적이고 기적적인 사건들이 발생하기도 한다. 천사의 도움으로 감옥에서 탈출한 베드로가 마리아의 집으로 향했다. 마리아는 요한의 어머니로서 마침 집에서 기도모임을 갖고 있었다. 로데라는 여자아이가 문을 열어주려다 말고 놀란 나머지 다시 집안으로 달려 들어갔다. 그녀는 모임에 참석한 다른 이들에게 베드로가 왔다고 말해주었다. 로데의 말을 믿지 못한 사람들이 이렇게 말했다. "그러면 그의 천사라."

그들은 왜 베드로를 베드로의 천사라고 착각하였을까? 여기에는 이유가 있다.

초대교회 당시 천사들을 보는 것은 매우 흔한 일이었다. 그들은 각 개인에게 파송된 수호천사는 종종 그 개인과 비슷한 외모를 가지고 있음을 잘 알고 있었다. 나도 나의 천사를 한번 본 적이 있다. 생김새가 나와 너무나 흡사하였기에 깜짝 놀라고 말았다. 천사가 나보다는 키도 크고 날씬했지만, 틀림없이 나와 닮은꼴이었다. 영적혁명기에 해당하는 오늘날, 천사들과 천상의 존재들의 출현은 점점 더 가속화될 것이다. 이들의 모습은 예술가들과 음악을 통해 묘사되고 드러나게 될 것이다.

최근에 나는 아키아나(Akiana)와의 대담을 진행한 적이 있었다. 아키아나는 국제적으로 인정받는 천재소녀로서, 사실주의 그림과 시 부문 모두에서 천재성을 보이고 있는 것으로 알려져 있다. 그녀는 자신이 받은 영감은 네 살 적에 체험한 거룩한 방문에서 말미암았다고 진술했다. 그녀는 천국의 경치, 예수님, 자신이 목격한 천사들을 그림으로 표현한다. 오늘날과 같은 영적혁명의 시기에 이루어진 거룩한 방문, 천사들의 방문 등을 묘사하는 예술작품과 글들은, 앞으로 역사적 기록물로 남겨질 것이다.

우리는 경배하는 도중에 천사들의 합창소리를 들을 때도 있다. 천사들은 우리가 예수님을 찬양하는 동안에 함께 찬양한다. 예배실황을 녹음한 테이프 속에서 명백한 천사의 음성과 노랫소리를 들은 적도 있다. 음반작업에 관여한 음악가들에 따르면, 이 소리들은 자연적인 방법으로는 결코 만들어낼 수 없는 것들이라고 한다.

히브리서 1장은 천사들에 관해 바른 관점을 제시해주는 가장 중요한 성경본문 중 하나인 듯싶다. 히브리서 기자는 경배 받으실 분은 오직 예수 그리스도뿐이시며, 천사들은 다만 구원 얻을 후사들을 섬기라고 파송된 영들임을 분명히 밝힌다(히 1:14).

성경은 서로 다른 외모와 기능의 다양한 천사들 및 천상의 존재들에 관해 기록하고 있다. 다음은 성경에 나타난 천사들에 관한 표현들이다.

스랍들

이사야 6장은 보좌를 체험('throne zone' experience)하고 있는 한 선지자의 모습을 보여준다. 보좌 안에는 '스랍들'이라 불리는 특별한 유형의 천사들이 있다. 스랍이란 '불같은 존재'라는 뜻이다. 내가 믿기로 이러한 스랍들은 불로 말미암은 정화와 거룩함으로 사역하는 존재들이다. 스랍들은 아마 불로 이루어진 존재들일 수도 있다. 이 천사들의 사역은 이사야의 부정을 정화시켜 주었고, 이사야가 다음 사역을 준비할 수 있도록 도움이 되어 주었다. 종종 우리 영광학교(Glory Schools)에서는 하나님의 불의 현현을 체험한다. 명백한 불의 냄새가 맡아질 때도 있다. 수많은 이들이 이사야처럼 자신의 신체일부에 불의 열기를 느꼈다고 간증한다. 아마도 이러한 현상은 스랍들의 방문으로 인한 것인 듯하다.

그룹들

하나님이 이사야에게 스랍들의 환상을 보여주셨다면, 에스겔에게는 그룹들의 환상을 보여주셨다. 창세기 3장 24절에서 그룹들은 생명나무를 지키고 있었다. 이후에 하나님은 모세에게 속죄소 위에 금으로 된 그룹들을 만들어놓으라고 지시하셨다(출 25).

에스겔은 진귀하고 경이로운 그룹들의 모습을 묘사해준다. 그룹들은 영광을 시중드는 존재들인 것이 분명하다. 그룹들은 영광을 성전 안으로 들여오는 역할을 했고, 이스라엘이 회개치 않을 때에는 그 영광을 제거해갔다(겔 10). 집회들 중에 주님의 영광이 가시적으로 나타날 경우에는, 천사들의 임재도 함께 감지될 때가 많다. 영적혁명의 시기에 그룹들은 주님의 영광을 가져오는 임무를 수행하게 될 것이다. 그러므로 우리의 마음은 오직 주님만을 열정적으로 추구해야 한다. 영광을 제거하라는 명령이 그룹들에게 내려지지 않도록 해야 한다. 영광이 제거되면 '이가봇'('영광이 이스라엘에서 떠났다' –삼상 4:21)이라고 울부짖을 수밖에 없다.

조아–생물들

요한계시록 4장 16절은 보좌 주위에 있는 생물들에 관해 언급한다. 이 생물들은 앞뒤로 눈이 가득하였다(그룹들의 바퀴둘레에도 눈이 가득하였다). 우리는 여기서 매우 흥미로운 사실을 발견하게 된다. 눈은 우리로 하여금 '볼 수 있게' 해주는 기관이다. 이 생물들은 매우 다양한 하나님의 성품과 특성들을 보고 있기 때문에, 아주 강력한 예수 그리스도의 계시를 전달해준다. 이들은 밤낮 쉬지 않고 "거룩하다, 거룩하다, 거룩하다."라고 외친다. 보좌체험을 하게 되면 요한이 본 것과 같은 이 생물들을 볼 수 있다. 이 천상의 존재들은 각각 독수리, 소, 사자, 사람의 형상을 하고 있다. 나는 독수리 모양의 생물들과 사자 모양의 생물들을 본 적이 있다.

병거들과 마병들

열왕기하 2장 12절에서, 엘리사는 섬기던 엘리야가 영광 가운데 들려올라가는 동안 하늘의 병거와 마병들의 출현을 목격하였다. 천상의 세계에는 깜짝 놀랄만한 것들로 가득 차 있다. 당신은 천사들이 모는 병거를 타는 기분이 어떨지 상상해 보았는가?

　　이미 여러 해 전, 밴쿠버 섬에서 열린 부흥집회에서 일어난 일이다. 천사들의 임재가 아주 뚜렷하게 분별되고 있었다. 내가 천사들의 임재에 관하여 푹 빠져있는 동안 갑자기 집회를 인도하던 복음전도자가 다음과 같이 선포하기 시작했다. "오늘밤 이곳에 수많은 천사들이 활동하고 있습니다." 내가 분별한 바를 누군가가 확증해 줄 때는 정말 신이 난다. 그 복음전도자는 천사들의 임재를 분별한 사람들은 강단 앞으로 나와 달라고 초청했다. 이에 우리 중 수많은 이들이 앞쪽으로 나갔다. 또한 그 복음전도자는 주님께 명령들을 위임받은 천사들을 풀어달라고 기도했다. "저가 너를 위하여 그 사자들을 명하사 네 모든 길에 너를 지키게 하심이라"(시 91:11).

　　기도가 끝나자마자, 나는 내가 병거 안에 앉아 있음을 깨닫게 되었다. 나는 황홀경 타입의 환상에 빠져든 상태였다. 깔고 앉은 병거의 좌석이 실제적인 느낌으로 감지되고 있었다. 정말 놀라웠다. 바로 다음 순간, 주변은 온통 어두움에 휩싸여 있었다. 갑자기 한 팀을 이룬 천사들이 내가 탄 병거를 몰고 막 어딘가로 가려고 했다!

　　천사들의 떠들썩한 웃음소리가 들려왔다. 병거는 모퉁이들을 돌다가 공중으로 휙 솟아 올라갔고, 다시 아래로 내려왔다가는, 아주 빠른 속도로 옆으로 빙 돌았다. 마치 롤러코스터에라도 타고 있는 느낌이었다. 물론 내 눈에는 아무것도 보이지 않고 있었다. 나는 문자 그대로 바람이 얼굴에 불어오는 듯 한 느낌이 들면 병거의 손잡이를 온 힘을 다해 꽉 붙잡았다. 병거에 탄 기분은 그야말로 스릴 만점이었다. 하지만 우리가 어디로 가고 있는 건지 도무지 볼 수가 없었기에, 나는 여전히 어리둥절해하고 있었다. 나의 걱정과는 상관없이 천사들은 여전히 자기들끼리 몹시 재밌어하고 있었다.

내가 믿기로 이 환상은 대략 10분 동안에 일어났다. 환상에서 빠져나온 후, 나는 주님께 이 짧은 여행을 허락하신 목적이 무엇이냐고 여쭤보았다. 주님의 대답은 간단했다. "단지 너를 즐겁게 해주고 싶었다." 정말요? 정말 주님이 우리의 재미에 관심을 가지고 계신단 말이죠? 하나님은 실제로 자녀들과 재미있는 시간을 보내길 좋아하신다. 때로 우리는 지나칠 정도로 진지하고 긴장되어 있다. 물론 우리는 하늘 아버지를 늘 경외감을 가지고 대해드려야 한다. 하나님 아버지는 매우 엄숙하고 두려운 분이시다. 이사야의 경우를 생각해보라. 높고 거룩한 하나님의 임재 앞에서 다음과 같이 외치지 않았는가. "화로다 나여 망하게 되었도다"(사 6:5). 우리는 하나님이 지니신 이러한 측면을 결코 잊지 말아야 한다. 그러나 동시에 주님은 재미있고 사랑이 많고 온유하신 분이다. 하나님 아버지는 자녀들을 몹시 좋아하신다. 종종 주님은 우리의 기분을 상쾌하게 해주시려고 작지만 특별한 놀라움을 선사해주실 때가 있다. 병거체험을 통해 나는 비가시적인 영역의 확실성과 실재성을 확증하게 되었지만, 동시에 하늘 아버지의 부드러운 사랑과 즐거움도 분명히 깨닫게 되었다. 하나님의 말씀은 천사들이 끄는 병거들, 마병들, 영적인 말들의 실재를 확증한다. 이들은 진짜로 존재한다! (왕하 2:11-12; 6:13-17; 슥 1:8-11; 시 68:17)

천사장들

천사들은 기능과 형태와 모양만 다를 뿐 아니라, 계급과 신분도 매우 다양하다. 예를 들어, 루시퍼는 타락 전까지만 해도 천국에서 높은 계급에 속한 천사였다.

군장들 혹은 천사장들은 땅이나 특별한 사건들에 대한 사법권을 쥐고 있다. 미가엘은 성경에서 군장 혹은 천사장으로 언급된다(유 1:9; 단 10:13). 미가엘 천사는 전쟁을 지도할 뿐 아니라 이스라엘에서 발생하는 다양한 사건들을 감독하는 군장으로 믿어지고 있다.

그리 오래 전의 일은 아니다. 한번은 전국적 규모의 기도모임이 캐나다에서 개최되었다. 그때 한 선지자가 환상을 받았는데, 그 내용은 미가엘의 역할을 확증해주는 것이었다. 3일간의 동일시회개를 드린 후에, 이 존경할만한 선지자는 미가엘 천사장이 수행천사들과 함께 이스라엘에서 캐나다로 오고 있는 환상을 보았다. 당시 우리는 이스라엘에게 저지른 국가적 차원의 죄악된 선택들에 대해 주님 앞에 겸손히 회개기도를 드리고 있었다. 역사적인 화해의 행위가 그 집회 가운데서 일어났다.

미가엘과 마찬가지로 가브리엘도 천사장으로 믿어지고 있다. 수많은 예언적인 사람들이 천사장 가브리엘이 의사소통 혹은 특별한 메시지를 전달해주는 책임을 맡고 있다고 느낀다. 성경에서 가브리엘은 중대한 메시지들을 전달해줄 때마다 관여하였다. 최근 많은 신자들이 보좌로부터 메시지를 가져오는 천사들의 방문을 받았다는 간증을 하고 있다.

일반적인 천사들

성경은 천사들이 의로운 자들을 둘러 진치고 있다고 명백히 말씀한다. 우리 주위를 천사들이 둘러싸고 있다! 히브리서 기자는 히브리서 12장 22절에서 우리는 "천만 천사" 앞에 나아왔다고 선포한다. 천사들은 주님의 다양한 목적과 성품으로 우리를 섬긴다. 예를 들어, 지혜의 영들은 주님의 지혜로 우리를 섬긴다. 계시의 영들은 그리스도의 계시로 섬긴다. 은혜의 영들은 주님의 은혜와 은총으로 우리를 섬긴다. 하나님은 천사들에게 각각 상이한 임무들을 부여하신다.

천사들에 대한 인식이 증가되다

오늘날 그리스도의 몸에서 천사들의 활동에 대한 인식이 점점 더 증대되고 있다. 아주 좋은 현상이다. 성경 전체에 걸쳐 천사들이 사람과 상호작용한 증거는 얼마든지 찾아볼 수 있다. 당신이 감지하든 못하든 천사들은 늘 당신 주변을 둘러싸고 있다. 하나님의 말씀이 이를 증거한다! 천사들은 하나님의 나라, 주님의 사랑, 은혜, 영광으로 우리를 섬기라고 파송된 경이로운 생물들이다.

천사들에 관해 언급된 몇몇 성경구절들을 연구해보기로 하겠다.

천사들에 관한 일반적인 사실들

1. 천사들은 지구보다 먼저 창조되었다(욥 38:4-7; 시 148:2-5).
2. 천사들은 숭배의 대상이 아니다(골 1:16; 계 19:10).
3. 천사들은 무수히 많다(눅 2:13; 히 12:22).
4. 천사들은 하나님의 다스림을 받는다(마 22:30).

천사들이 수행하는 임무

1. 기도의 응답을 가져온다(단 9:21-28).
2. 성도들을 섬긴다(히 1:14).
3. 하나님을 경배한다(계 5:11; 시 148:2).

4. 하나님의 명령들을 수행한다(시 103:20).

5. 전쟁을 수행한다(계 12:7-9; 단 10:12-13).

6. 어린 아이들을 돌본다(마 18:10).

7. 시험 가운데 있는 성도들을 강건케 한다(마 4:11).

8. 죄인들을 복음전도자들에게로 인도해준다(행 10:3).

9. 복음전도자들에게 지시한다(행 8:26).

10. 꿈속에 나타난다(마 1:20-24).

11. 하나님 앞에서 섬긴다(계 8:2; 14:15-19).

12. 신자들이 해를 당하지 않도록 보호한다(시 91:11; 행 12:7-10).

13. 무저갱을 수비한다(계 9:1; 20:1-3).

14. 교회들의 이익을 살핀다(계 2-3).

15. 나라들 간에 발생하는 사건들에 영향력을 행사한다(단 10;12-13).

16. 비범한 일들을 행한다(행 7:53; 12:6-7; 갈 3:9).

17. 하나님의 백성들에게 특별한 메시지들을 전달해준다(눅 1).

18. 하나님의 원수들을 징벌한다(행 12:23; 삼하 24:16).

천사들의 특성

1. 지적이고 지혜롭다(삼하 14:20; 19:27; 마 24:35).

2. 인내심이 많다(민 11:22-35).

3. 온순하다(벧후 2:11).

4. 기뻐한다(눅 15:1-10).

5. 겸손하다(고전 11:10).

6. 거룩하다(막 8:38).

7. 영광스럽다(눅 9:26).
8. 죽지 않는다(눅 20:36).
9. 강하고 능력이 있다(살후 1:7-10; 계 18:1)
10. 순종적이다(시 103:20; 마 6:10).
11. 천사들도 의지를 가지고 있다(사 14:12-14).
12. 대부분의 경우 '남성'으로 지칭된다(유 13:6; 단 10:5-21, ※ '여성'으로 언급된 유일한 경우, 슥 5:5-9).
13. 팔, 다리, 눈, 목소리 등을 지닌 영체이다(히 13:2; 유 13:6; 계 15:1-6).
14. 휴식이 필요치 않다(계 4:8).
15. 음식을 먹는다(창 18:8; 19:3; 시 78:25).
16. 눈에 보일 때도 있고, 눈에 보이지 않을 때도 있다(민 22:35; 요 20:12; 히 13:2).
17. 물리적인 세계에서도 활동할 수 있다(창 18:1-19,24; 왕하 19:35).
18. 상상할 수 없을 만큼 빠르게 오갈 수 있다(계 8:13; 9:1).
19. 오르락내리락 할 수 있다(창 28:12; 요 1:51).
20. 천사의 말을 사용한다(고전 13:1).

천사들과 만난 사람

1. 천사의 음식을 먹다(시 78:25).
2. 아브라함의 여종을 인도하다(창 16:7,9).
3. 모세와 불붙은 떨기나무(출 3:2).
4. 기드온(유 6:11-20).
5. 엘리야는 천사가 공급해준 음식을 먹고 힘을 얻었다(왕상 19:5-8).

6. 다윗-인구조사(대상 21:9-27).

7. 스가랴(슥 1:11-14).

8. 빌립(행 8:28).

9. 고넬료(행 10:3-22).

10. 베드로(행 12:7-11; 행 12:15).

11. 헤롯(행 12:23).

12. 바울(행 27:23).

13. 요한(계 2-3).

11장

혁명을 위임받다
Commissioned for revolution

11장 · 혁명을 위임받다 | Commissioned for revolution |

영적혁명의 시기에, 우리는 주님의 몸 된 교회가 예수님께 위임받은 명령을 회복하는 모습을 목도하게 될 것이다. 마태복음 28장 19-20절에서 주님은 다음과 같이 말씀하셨다. "예수께서 나아와 일러 가라사대 하늘과 땅의 모든 권세를 내게 주셨으니 그러므로 너희는 가서 모든 족속으로 제자를 삼아 아버지와 아들과 성령의 이름으로 세례를 주고 내가 너희에게 분부한 모든 것을 가르쳐 지키게 하라 볼찌어다 내가 세상 끝 날까지 너희와 항상 함께 있으리라 하시니라."

지금 주님은 제자들에게 모든 족속들에게 무엇을 가르쳐주라고 명령하고 계시는가? 요한복음 14장 12절에서 예수님이 제자들에게 강조하신 사실이 있다. "내가 진실로 진실로 너희에게 이르노니 나를 믿는 자는 나의 하는 일을 저도 할 것이요 또한 이보다 큰 것도 하리니 이는 내가 아버지께로 감이니라." 이 세상에 계시는 동안 예수님은 경이로운 일들을 많이 행하셨다. 그런데 지금 주님은 누구든지 주님을 믿는 자들은 예수님과 똑같은 일뿐 아니라, 예수님보다 더 큰 일도 하게 될 것이라고 선포하신다.

우리가 예수님이 하신 일 중 몇 가지라도 할 수만 있다면 얼마나 놀랍겠는가! 서구교회의 현 상태와 관련하여 우리 자신을 정직히 바라보기로 하자. 우리의 모습은 확실히 그리스도의 모델과는 너무나 거리가 멀다. 예수님은 강력한 표적과 기사들을 행하셨고, 초자연적인 영역 안에서 살아가셨다. 주님은 천사들 및 구름 같이 둘러싼 허다한 증인들과도 만나셨고, 물 위를 걸으셨으며, 벽을 뚫고 지나다니셨고, 오병이어의 기적을 일으키셨으며, 물로 포도주를 만드셨고, 병자를 치유하셨고, 죽은 자를 살리셨고, 문둥병자를 깨끗케 하셨으며, 마귀를 내어 쫓아주셨다. 활동하는 천국이란 바로 이런 것이다.

우리가 하나님 나라의 영역 안에서 살아갈 때, 무엇이든 천국에 실재하는 것은 이 땅에서 우리에게도 실재가 되어야 한다. 예수님이 가르쳐주신 기도의 내용을 기억하는가? "나라가 임하옵시며 뜻이 하늘에서 이룬 것 같이 땅에서도 이루어지이다." 주기도문을 드릴 때, 과연 교회인 우리는 기도문이 실제로 이루어질 것을 믿는가, 아니면 마음은 주님과 거리가 먼데 단지 빈말로 외워왔을 뿐인가?

우리가 영적혁명을 기꺼이 받아들일 때, 우리는 마치 예수님과 같이 하나님 나라의 삶을 회복시키는 일에 부름 받게 될 것이다. 천국에 질병 따위는 존재하지 않는다. 그러므로 우리는 우리 안에도 질병이 나타나지 않기를 기대해야 한다. 예수님의 삶에서 그러했듯 말이다. 병자들이 찾아와 치유를 요청할 때마다, 예수님은 그들을 고쳐주셨다. 주님은 실제적인 하나님 나라를 살아가셨다. 이 일은 우리에게도 가능하다. 예수님이 오신 또 하나의 목적은 마귀의 일을 멸하시는 것이었다. 이는 우리에게도 위임된 사명이다. 과연 천국에 귀신들이 존재할까? 물론 아니다. 그들은 이미 오래 전에 해고되었다. 그런데도 우리는 여전히 삶 속에서 귀신들의 공격을 받고 있지 않는가. 오늘날 세워지고 있는 혁명당원들은 그리스도 안에서 자신이 어떠한 권세를 지녔는지를 잘 안다. 이들은 믿음으로 이 권세를 사용하며 살아가는 일에 헌신된 자들이다. 바울처럼 이들도 권능을 행사한다. 그저 말이나 설교로만 그치지 않는다. 나도 이런 사람이 되고 싶다.

마태복음 10장 1절에서, 예수님은 열두 제자들을 부르사 더러운 귀신을 쫓아내며 모든 병과 모든 약한 것을 고치는 권능을 주셨다. 7절과 8절에서 주님은 제자들을 파송하시면서, 천국이 가까웠다고 전파하고 병든 자를 고치고 죽은 자를 살리며 문둥이를 깨끗하게 하고 귀신을 쫓아내는 사명을 위임하셨다. 이 일들은 '복음전도'를 통해 나타나는 현상들이다. 제자들은 예수님이 행하신 것과 동일한 일들을 수행해야 했다. 그리고 실제로 그들은 그렇게 했다! 당신도 그렇게 할 수 있다. 나도 그렇게 할 수 있다. 왜냐하면 주님이 그렇게 말씀하셨기 때문이다.

나는 수많은 젊은 세대들에게서 나타나고 있는 믿음을 너무도 좋아한다. 젊은 이들은 과격하기도 하고 일단 부딪혀본다! 가장 좋은 예는 타드 벤틀리(Todd Bentley)이다. 타드는 이제껏 나의 신앙에 큰 도전을 주곤 했다. 그는 하나님의 말씀을 읽고 말씀대로 행한다. 그가 한번은 나에게 전화를 걸어 이렇게 말했다. "패트리샤, 제가 아프리카에 가려고 비행기 표를 끊었어요. 아프리카에 가서 나병환자들을 고쳐주려고요." 아무리 생각해봐도 그의 결정은 상당히 과격하고 충동적이었다. 나는 나병환자를 고치기 위해 왜 굳이 아프리카에 가려느냐고 물었다. 그의 대답은 다음과 같았다. "성경에 보면, 나병환자를 깨끗케 하는 일은 우리에게 맡겨진 복음전도 사명의 일부예요. 그러니 내가 나병환자를 고쳐주지 않는다면, 나는 복음에 온전히 순종한 것이 아니지요. 혹시 캐나다에 나병환자들이 있는지 찾아보았는데 한명도 없더라고요. 그래서 아프리카로 가려는 거예요. 아프리카에 나병환자 요양소가 있대요." 이런 믿음과 순종을 내 어찌 사랑하지 않을 수 있겠는가! 지금 혁명이 일어나고 있다!

모잠비크의 선교사 하이디 베이커(Heidi Baker)의 믿음도 나에게 큰 감동을 선사해준다. 그녀가 들려준 한 일화가 생각난다. 유행성 콜레라가 확산되고 있는 동안, 그녀는 입원한 모든 아기들이 아프거나 죽어가고 있는 한 병원에 들어간 일이 있었다. 환자들에게서 나온 배설물과 구토물들이 즐비해 있는 가운데, 그녀는 아기들을 팔에 안고 사랑으로 돌보며 회복시켜 주었다. 그럼에도 불구하고 한 번도 질병에 걸리거나 박테리아나 바이러스에 감염된 적이 없었다. 이미 숨이 끊긴 아기들이 그녀의 팀원들의 품에 안겨 돌봄을 받고 난 뒤 다시 살아나는 경우도 종종 있었다. 그렇다, 그들은 일상적으로 죽은 사람을 살려내고 있다. 이것이야말로 정상적인 기독교 신앙의 모습이다.

일주일에 한두 시간 교회의 집회에 참석하여 앉아 있다가, 노래 몇 곡 부르고, 설교를 듣고 난 다음, 봉헌함에 돈 몇 푼 집어넣는 것은, 진정한 기독교 신앙이라 할 수 없다. 이는 하나님의 나라가 온전히 구현된 모습이 아니다. 물론 이런 모습 자체가 잘못되었다고 말하려 함은 결코 아니다. 그러나 진정한 하나님 나라의 삶은 이런 모습을 훨씬 뛰어넘는다. 영적혁명은 우리의 교회생활 방식에 도전장을 제시한다. 영적혁명은 우리의 삶의 방식도 도전해온다! 오늘날 서구교회가 하나님께 위임받은 명령대로 살아가지 못하고 있는 몇 가지 이유들을 아래와 같이 제시해보았다.

1. 무지

적절한 가르침을 받지 못했기에, 어떻게 해야 믿음을 적용하여 예수님이 행하신 일을 행할 수 있는지, 어떻게 해야 초자연적인 능력들을 흘려보낼 수 있는지를 알지 못한다.

2. 모델 결핍

서구교회 가운데 하나님 나라의 삶과 영성의 모델들은 어디에 있는가? 성경에 나타난 대로 하나님의 권능을 시범적으로 드러내 보여줄 자들은 어디 있는가?

3. 초자연적인 것에 대한 두려움

대체로 사람들은 자신들이 이해할 수 없는 것들을 두려워한다. 서구교회는 원래 학문적인 것에 바탕을 두고 있었기에, 우선 우리의 지성으로 이해하지 못하는 것들에 관해서는 불편하게 여긴다. 영적인 일들은 영적인 분별을 필요로 한다.

4. 잘못된 교리를 배움

어떤 이들은 진리와는 전혀 상반되는 것들을 배워왔다. 아주사 거리 부흥운동 중에 일어난 성령강림의 사건을 예로 들어보자. 수많은 이들이 방언을 마귀의 일이며 신자들은 이 일에 결코 관여해서는 안 된다고 말함으로써 부흥운동에 저항했다. 오늘날은 어떠한가. 하나님의 말씀에 반대되는 수많은 교리들이 신자들에게 가르쳐지고 있다. 예를 들면 다음과 같다. 예언은 더 이상 현대적 적실성을 잃었다. 여성들은 안수 받은 사역자가 될 수 없다. 신자들은 초자연적인 체험이나 천국체험을 할 수 없다. 특별한 소수만이 치유사역과 복음전도사역을 할 수 있다.

5. 부실한 결과

어떤 이들은 선뜻 믿음을 가지고 예수님이 하신 일을 해보려고 착수하기도 했었다. 그러나 결과가 나타나지 않자, 계속 전진하기를 포기하고 안전지대 안으로 은둔해버렸다.

6. 낮은 자존감

스스로를 무가치하게 여기는 신자들이 너무도 많다. 그로 인해 이들은 뭔가를 힘 있게 시작하지 못한다.

7. 세상적인 가치관

서구교회의 신자들 대부분이 자신의 영성을 진지하게 보살피지 않는다. 이따금씩 교회에 나가는 것은 사회적인 명분 때문이며, 주님과 함께 시간을 보내는 것보다 영화관에 가기를 더 좋아한다.

8. 기도하지 않음

수많은 서구교회의 신자들이 기도생활을 하지 않고 있다. 제자들은 예수님의 말씀에 순종하여 권능이 임하기를 기다리며 계속 다락방에서 머물렀다. 그들은 꼬박 열흘 동안이나 전심으로 지속적인 기도를 드렸다. 우리들 중에 하나님을 찾기 위해 그 정도의 시간을 보내는 이들은 드물다. 사실 하루에 단 몇 분 동안만이라도 주님을 찾는 사람조차도 많지 않다. 기도 없는 교회는 능력 없는 교회이다.

9. 하나님의 말씀에 순종치 않음

성경은 하나님의 말씀을 듣기만 하고 행하지 않는 믿음을 죽은 믿음이라 칭한다. 그 결과가 무엇인가? 노력에 대한 열매가 없다. 왜냐하면 아예 노력조차 하지 않았기 때문이다.

10. 죄

하나님의 뜻에 거역할 때 하늘은 놋이 된다. 대부분의 서구교회 안에 죄가 활개를 치고 있다. 교회가 힘을 잃은 것도 이 때문이다.

11. 불신앙

많은 이들이 성경에 나타난 하나님의 기적들, 표적들, 기사들에 관한 기록을 읽는다. 그러나 이런 일들이 오늘날에도 일어날 수 있다고는 믿지 않는다. 모든 교단들이 성령님의 초자연적인 역사에 대한 믿음을 거의 혹은 전혀 갖고 있지 않다. 믿음이 없이는 약속의 땅에 들어갈 수 없다. 지금 서구의 교회는 불신앙이라는 전염병에 시달리고 있다.

12. 교제하는 부류들

만일 당신이 종교적인 혹은 세상적인 가치관을 가진 자들이나 성령님을 모르는 자들과 어울려 다닌다면, 당신은 틀림없이 그들로부터 영향을 받게 된다. 당신은 함께 교제하는 친구들을 닮아간다. 디모데후서 3장 5절에서 성경은 우리에게 경건의 모양은 있으나 경건의 능력은 부인하는 자들에게서 돌아서라고 강한 어조로 권고한다. 매우 엄중한 말씀이 아닐 수 없다. 최근에 한 사역자와 대화를 나눈 일이 있다. 그의 사역단체가 주최한 컨퍼런스에서 한 초청강사가 공적인 설교를 통해 이렇게 말했다고 한다. "우리는 능력을 부인하는 죽은 교회를 떠나야 합니다!" 오늘날 이런 식의 메시지는 듣기에 그리 썩 좋지만은 않다. 결국 이 메시지는 그 사역단체에 속한 사람들을 몹시 화가 나게 했다. 나는 그들이 화를 낸 이유도 충분히 이해한다. 만일 당신이 죽은 교회라면, 당신은 마땅히 화를 내야 한다. 반면에 당신이 풍요로운 초자연적인 능력 가운데 살아가고 있다면, 이런 메시지를 듣는다고 해서 화가 날 이유가 전혀 없다. 결과적으로 오히려 더 많은 사람들이 참석하게 될 테니까 말이다. 나는 그 사역자가 자신의 행위의 자초지종을 이야기했어야 했다고 말하려는 게 아니다. 그것은 오직 주님만이 아신다. 나의 요지는 이렇다. 성경은 우리가 누구와 어울리고 있는가를 주의해서 살펴보라고 말씀하신다! 하나님의 능력을 부인하는 사람들에 관하여, 하나님의 말씀은 "이 같은 자들에게서 네가 돌아서라"고 권면한다.

이제 우리는 어떻게 해야 할까?

이상으로 우리는 오늘날의 교회가 이토록 무능력해진 몇 가지 이유들을 살펴보았다. 그렇다면 이제 어떻게 해야 실제적이고 초자연적인 하나님 나라의 삶을 살아가는 능력을 회복할 수 있을까? 어떻게 해야 이런 초자연적인 삶의 유형이 우리에게 일상화될 수 있을까? 다음은 진정한 하나님 나라의 삶을 계발하기 위한 몇 가지 방법들이다.

1. 양질의 가르침을 찾아내라

유익한 세미나들, 컨퍼런스들, 서적들, 기타 자원들은 얼마든지 있다. 그리스도의 몸은 언제라도 이것들을 이용할 수 있다. 예수님은 좋은 나무는 열매를 보고 안다고 하셨다. 여러 사역단체들에 관해서 꼼꼼히 살펴보라. 개인의 삶과 사역에 성령의 열매가 맺혀지고 있는지, 영감 있고 참된 하나님의 말씀을 잘 가르쳐준다는 평판을 얻고 있는 단체인지를 점검하라. 우리가 웹사이트(www.extremeprophetic.com)를 개설한 목적도 여기에 있다. 우리는 웹사이트에 신뢰할만한 크리스천 선지자들과 사역자들에 관해 소개해놓았다. 미디어사이트에서는 각종 초자연적인 것에 관한 가르침, 예언, 표적, 기사, 치유, 축사, 기도 등에 관한 가르침 등을 찾아볼 수 있다. 기적을 행하고 초자연적인 하나님 나라의 영역을 살아가는 사람들의 전기문을 읽어보는 것도 매우 유익하다.

2. 말씀을 실제로 적용하며 살라

만일 당신이 예언사역 세미나에 참석한다면, 이제 예언을 하라. 내가 처음으로 예언하는 법을 배웠을 때의 일이 떠오른다. 세미나를 마친 뒤, 나는 예언의 은사를 최고수준으로 적용해보았다! 온갖 기도집회와 교회모임, 성경공부를 시작하기 전에, 나는 기도를 드리며 사람들을 격려해줄 수 있는 메시지를 주님께서 주실 것을 믿곤 했다. 집회가 시작되면, 나는 믿음으로 앞에 나서서 일단 부딪혀보았다. 물론 매번 걱정스런 마음이 전혀 없었던 건 아니었다. 처음 한 해 동안 나의 메시지는 극히 단순했다. 그러나 '실습'을 거듭해갈수록 점점 더 구체적이고 심오한 메시지가 나오기 시작했다. 이 원리는 내가 믿음으로 치유의 기름부으심을 구할 때에도 동일하게 적용되었다. 내가 셋째 하늘 체험을 향해 점차 들어가기 시작한 것도 그 무렵부터였다. 당신은 믿는 바를 반드시 '행해야' 한다.

3. 하나님 나라의 권능 안에서 살아가는 이들과 교제하라

열정과 영적 갈망 등을 가진 사람들과 더불어 우정을 쌓아가라. 종종 주님은 어떤 이들에게는 진부한 교회 환경 속에 그대로 머물러 있도록 허락하신다. 주님은 이들이 중보기도뿐 아니라 사랑 안에서 지혜롭게 다른 이들에게 영향력을 행사하길 원하신다. 당신이 만일 이런 경우에 해당한다면, 반드시 성령님의 인도하심에 따라 부르심을 받은 교회에 머물러 있어야 한다. 그곳이 바로 당신의 선교대상지이다. 개인적으로 나는 이런 식의 성령님의 인도하심에 순종하고 있는 신자들을 매우 존경한다. 반면에 어떤 이들은 성장을 위해 다른 교회공동체로 이전해 가야 할 수도 있다. 또 다른 경우에, 주님은 당신을 여전히 지역교회 공동체에 머물러 있게 하시면서, 동시에 건전하고 하나님을 높이는 어떤 특별한 사역단체에 관여할 수 있는 기회를 주실 수도 있다. 이는 영적 공허감을 메우고 초자연적인 영역 안에서 성장해갈 수 있는 좋은 환경이 될 수 있다. 수많은 크리스천들이 초자연적인 일들을 허용하지 않는 교회에 신실하게 소속되어 있으면서도, 우리의 사역 팀과의 관계도 계속해서 잘 유지하고 있다. 이런 이들은 자신이 속한 지역교회 회중을 향한 부르심에 보다 확고부동하게 헌신할 수 있었다는 점에서 큰 유익을 얻었다. 어떤 크리스천들은 너무 외지고 고립된 지역에 살고 있어, 초자연적인 일들을 믿는 성령 충만한 교회에 도저히 갈 수 없는 이들도 있다. 이 경우는 매우 어려운 상황이다. 오늘날은 인터넷 미디어가 발달해 있으므로, 이런 사람들도 신뢰할만한 웹사이트나 이메일을 통해 유익한 정보들과 기사들을 접할 수 있다. 우리 사역의 동역자 중 몇몇은 실제로 매우 외딴 지역들에서 살아가고 있다. 그래도 그들은 우리가 서로 깊이 연결되어 있는 느낌이라는 말을 종종 한다. 이메일과 기도연락망, 편지, 웹사이트 등을 통해 관계가 구축되어 있기 때문이다.

4. 복음으로 섬길 수 있는 방법을 강구하라

하나님의 말씀이 선포되는 곳에는 표적들과 기사들, 초자연적인 사건들이 일어나기 마련이다. 하나님은 우리가 주님의 빛을 어둠 속으로 가지고 들어가기를 원하신다. 잃어버린 영혼들을 만날 수 있는 방법들을 찾아보기 바란다.

5. 기도하고 금식하라

부흥운동가들과 치유사역자들, 기타 정기적으로 초자연적인 차원에서 활약하는 이들의 삶을 연구해본 결과, 한 가지 눈에 띌만한 사실을 발견했다. 이들은 대부분 장기간의 기도와 금식의 습관을 가지고 있었다. 예수님도 40일간의 금식 이후에 성령님의 능력으로 수많은 기적들을 행하셨다.

6. 하나님의 능력의 순전한 흐름을 방해하는 고백되지 않은 죄를 생각나게 해주시도록 성령님께 간구하라

우리가 반드시 유념해야 할 사실이 있다. 죄를 지은 상태이더라도 하나님의 초자연적인 능력은 믿음으로 방출되고 행사될 수 있다! 나도 이런 사역자들을 몇 명인가 알고 있다. 이들은 개인적인 삶 속에 은밀한 죄를 짓고 있으면서도 여전히 엄청난 능력과 초자연적인 일들을 행하였다. 하나님의 은사와 부르심에는 결코 후회하심이 없다. 그러나 주님은 실수가 없으신 분이다. 사람이 무엇으로 심든지 그대로 거두게 될 것이다. 은밀하게 행한 일들이 마침내는 폭로될 것이다. 심지어 지붕 위에서 크게 외쳐지는 날이 올지도 모른다! 성령님이 죄를 깨닫게 해주시거든 회개로 반응하여 용서와 정결케 됨을 받으라.

7. 경배하고 임재 가운데 젖어들라

주님과의 친밀함으로 말미암아 당신의 삶에는 열매가 맺힐 것이다. 요한복음 15장은 우리에게 주님 안에 머물라고 권고한다. 주님 안에 머무는 것은 하나님 나라의 삶으로 들어가는 가장 중요한 열쇠이다. 당신이 무엇에 집중하든, 이로 말미암아 당신은 점점 힘을 얻는다. 매일매일 시간을 내어 예수님께 초점을 맞추기 바란다. 주님은 너무도 사랑스러우신 분이다. 주님의 임재 가운데 촉촉이 젖어들라. 주님의 권능이 당신을 가득 채우고 당신을 변화시키시도록 내어드리라.

8. 초자연적인 삶을 살기로 적극 선택하라

우리는 주님과 함께 하는 신앙생활에 있어 매우 소극적일 때가 많다. 설사 무언가를 참되다고 믿기는 믿어도, 그것을 열심히 추구하려 들지는 않는다. 우리는 다음과 같이 생각한다. '오, 아마도 주님이 어느 날 갑자기 짠하고 나타나셔서 나를 단번에 변화시켜 주실 지도 몰라.' 물론 이런 일도 불가능한 것은 아니다. 그러나 실제로 주님은 우리가 하나님 나라의 삶을 선택하고 초자연적인 영역 안에서 살아가게 되기를 기다리신다. 복음서 전체를 살펴보아도 알 수 있다. 예수님은 우선 초자연적인 삶의 모델이 되어주신 후에 제자들에게도 그러한 삶을 살도록 초청하셨다. 마가복음 6장 33-44절에 소개된 오병이어의 기적 사건이 좋은 예이다. 예수님께 모여든 무리들은 배가 고팠고, 때는 이미 저물어 있었다. 제자들은 예수님께 무리들을 집으로 돌려보내자고 제안했다. 그러자 예수님이 말씀하셨다. "너희가 먹을 것을 주라." 불가능해 보이는 일을 지시하시는 예수님의 말씀에 제자들은 충격을 받았다. 근처에 패스트푸드 음식점이나 식료품점 따위가 있을 리 만무했다. 이때 예수님은 제자들에게 지금 가지고 있는 것을 좀 가져오라고 하셨다(얼마간의 떡덩이와 물고기 몇 마리).

주님은 기도하신 다음, 떡과 물고기를 제자들에게 주시며 무리들에게 나눠주게 하셨다. 결국 기적을 행한 당사자들은 바로 제자들이었다. 주님은 제자들이 단지 방관자가 되기를 원치 않으셨다. 그들은 하나님의 기적적인 역사를 위한 적극적인 참여자가 되어야 했다. 초자연적인 기적을 행할 기회들을 열심히 찾기 바란다.

영적혁명에 관한 조망

본서 전반을 통해 우리는 매우 방대한 양의 주제를 다루어왔다. 사실 본서에서 다루어진 모든 주제들은 각각 해당분야에 따라 기초와 믿음을 확립하고 가르치자면 엄청난 분량이 될 수도 있다. 본서는 다만 전채요리를 조금 맛본 것에 불과하다. 앞으로 나올 메인코스에 대한 허기만 증가시켜 주었을 따름이다. 주님은 몸 된 교회가 영광스럽게 변화되기를 몹시 바라신다. 이 책은 우리에게 주님의 갈망이 온전히 실현된 삶을 살아가도록 도전한다.

영적혁명이 일어나는 동안 이 영광스런 주님의 몸은 과연 어떤 모습으로 변화될까? 아마도 마치 예수님의 모습을 보는 것 같으리라. 즈님의 몸 된 교회로 인해 병원들과 정신병동들, 심지어는 묘지들까지 텅텅 비게 될지도 모른다. 혁명의 시기에는 표적과 기사와 기적들이 일상적으로 일어날 것이다. 신자들은 벽을 그대로 통과하여 지나다닐 것이고, 물을 포도주로 만들 것이며, 오병이어로 수많은 군중들을 먹일 것이다. 이들은 천사들이나 천국의 생물들과도 만나고, 보좌를 오르내릴 것이며, 영의 세계를 독수리같이 훨훨 날아다닐 것이고, 초자연적인 방법으로 산들을 비롯한 여러 물체들을 옮겨놓을 것이다. 주님의 몸 된 교회는 매우 예리한 예언을 풀어놓을 것이며, 보좌의 권세에서 말미암은 선포를 듣는 자들마다 그리스도 앞에 무릎을 꿇게 될 것이다. 전지구상에 도덕적인 개혁도 일어날 것이다. 영적혁명의 시기에 주님의 몸 된 교회는 셋째 하늘의 관점으로 살아간다는 것이 무엇인지를 알게 될 것이며, 세상적인 가치관과 세상적인 방식의 덫에 사로잡혀 지내는 일을 거절할 것이다. 다가올 영적혁명의 시기에 하나님의 백성들은 성경의 내용들을 일상생활에서 그대로 실천하며 살아갈 것이다. 밝게 빛나며 떠오르는 이 하나님의 백성들 앞에 모든 나라들과 왕들이 나아올 것이다. 흠, 이사야 선지자의 예언과도 흡사하지 않은가?

> 일어나라 빛을 발하라 이는 네 빛이 이르렀고 여호와의 영광이 네 위에 임하였음이니라 보라 어두움이 땅을 덮을 것이며 캄캄함이 만민을 가리우려니와 오직 여호와께서 네 위에 임하실 것이며 그 영광이 네 위에 나타나리니 열방은 네 빛으로 열왕은 비취는 네 광명으로 나아오리라(사 60:1-3)

혁명당원들이여 일어나라!
영적혁명이 시작되었다!

순전한 나드 도서안내   02-574-6702

No.	도서명	저자	정가
1	강력한 능력전도의 비결	체 안	11,000
2	광야에서의 승리〈개정판〉	존 비비어	10,000
3	교회, 그 연합의 비밀	프랜시스 프랜지팬	10,000
4	교회를 뒤흔드는 악령을 대적하라	프랜시스 프랜지팬	5,000
5	교회를 어지럽히는 험담의 악령을 추방하라	프랜시스 프랜지팬	5,000
6	그리스도인의 삶의 비결	진 에드워드	8,000
7	기름부으심	스미스 위글스워스	8,000
8	꿈을 통해 말씀하시는 하나님	헤피만 리플	10,000
9	날마다 하나님께로 더 가까이	존 비비어	13,000
10	내 백성을 자유케 하라	허철	10,000
11	내게 신선한 기름을 부으셨나이다	허철	9,000
12	내어드림	페늘롱	7,000
13	다가온 예언의 혁명	짐 골	13,000
14	다가올 전환	래리 랜돌프	9,000
15	당신도 예언할 수 있다	스티브 탐슨	12,000
16	당신은 예수님의 재림에 준비가 되어 있습니까?	메릴린 히키	13,000
17	당신은 치유받기 원하는가	체 안	8,000
18	당신의 기도에 영적 권위가 있습니까?	바바라 윈트로블	9,000
19	더넓게 더깊게	메릴린 앤드레스	13,000
20	동성애 치유될 수 있는가?	프랜시스 맥너트	7,000
21	두려움을 조장하는 악령을 물리치라	드니스 프랜지팬	5,000
22	마지막 시대에 악을 정복하는 법	릭 조이너	9,000
23	마켓플레이스 크리스쳔〈개정판〉	로버트 프레이저	9,000
24	무시되어 온 축복의 통로	존 비비어	6,000
25	믿음으로 질병을 치유하라〈개정판〉	T.L. 오스본	20,000
26	부서트리고 무너트리는 기름 부으심	바바라 J. 요더	8,000
27	부자 하나님의 부자 자녀들	T.D 제이크	8,000
28	사도적 사역	릭 조이너	12,000
29	사랑하는 자가 병들었나이다	허 철	8,000
30	사사기	잔느 귀용	7,000
31	사업을 위한 기름 부으심〈개정판〉	에드 실보소	10,000
32	상한 마음을 치유하는 기도	마크 버클러	15,000
33	상한 영의 치유1	존&폴라 샌드포드	17,000
34	상한 영의 치유2	존&폴라 샌드포드	13,000
35	성령님을 아는 놀라운 지식	허 철	10,000
36	세계를 변화시키는 능력	릭 조이너	10,000
37	속사람의 변화 1	존&폴라 샌드포드	11,000
38	속사람의 변화 2	존&폴라 샌드포드	13,000
39	신부의 중보기도	게리 윈스	11,000
40	십자가의 왕도	페늘롱	8,000
41	아가서	잔느 귀용	11,000
42	악의 속박으로부터의 자유	릭 조이너	9,000
43	어머니의 소명	리사 히텔	12,000
44	여정의 시작	릭 조이너	13,000
45	영광스러운 교회에 보내는 메시지 1	릭 조이너	10,000
46	영광스러운 교회에 보내는 메시지 2	릭 조이너	10,000
47	영분별	프랜시스 프랜지팬	3,500
48	영으로 대화하시는 하나님	래리 랜돌프	8,000
49	영적 전투의 세 영역〈개정판〉	프랜시스 프랜지팬	10,000
50	예레미야	잔느 귀용	6,000
51	예수 그리스도와의 친밀함	잔느 귀용	7,000
52	예수님 마음찾기	페늘롱	8,000
53	예수님을 닮은 삶의 능력	프랜시스 프랜지팬	9,000
54	예수님을 향한 열정〈개정판〉	마이크 비클	12,000
55	요한계시록	잔느 귀용	11,000
56	인간의 7가지 갈망하는 마음	마이크 비클	11,000
57	저주에서 축복으로	데릭 프린스	6,000

PURE NARD BOOKS

No.	도서명	저자	정가
58	주님! 내 눈을 열어주소서	게리 오츠	8,000
59	주님, 내 마음을 열어주소서	캐티 오츠/로버트 폴 램	9,000
60	지구상에서 가장 강력한 기도	피터 호로빈	7,500
61	지금은 싸워야 할 때	프랜시스 프랜지팬	8,000
62	천국경제의 열쇠	샨 볼츠	8,000
63	천국방문〈개정판〉	애나 로운튜리	11,000
64	축사사역과 내적치유의 이해 가이드	존&마크 샌드포드	18,000
65	출애굽기	잔느 귀용	10,000
66	하나님과 동행하는 사람들〈개정판〉	샨 볼츠	9,000
67	하나님과 사람에게 더욱 사랑스러운 자	듀안 벤더 클럭	10,000
68	하나님과의 연합	잔느 귀용	7,000
69	하나님으로부터 오는 능력	찰스 피니	9,000
70	하나님을 연인으로 사랑하는 즐거움	마이크 비클	13,000
71	하나님의 마음에 합한 사람	마이크 비클	13,000
72	하나님의 심정 묵상집	페늘롱	8,500
73	하나님의 아름다움을 바라보는 축복	허 철	10,000
74	하나님의 요새	프랜시스 프랜지팬	8,000
75	하나님의 음성을 듣는 방법〈개정판〉	마크&패티 버클러	15,000
76	하나님의 장군의 일기	잔 G. 레이크	6,000
77	항상 배가하는 믿음	스미스 위글스워스	10,000
78	항상 부족함이 없으리로다	하이디 베이커	8,000
79	혼동으로부터의 자유	릭 조이너	5,000
80	혼의 묶임을 파쇄하라	빌&수 뱅크스	10,000
81	화 있을진저 외식하는 서기관과 바리새인들	존 비비어	8,000
82	횃불과 검	릭 조이너	8,000
83	21C 어린이 사역의 재정립	베키 피셔	13,000
84	금식이 주는 축복	마이크 비클&다나 캔들러	12,000
85	승리하는 삶	릭 조이너	12,000
86	부활	벤 R. 피터스	8,000
87	거절의 상처를 치유하시는 하나님	데릭 프린스	6,000
88	그리스도의 제사장적 신부	애나 로운튜리	13,000
89	마귀의 출입구를 차단하라	존 비비어	13,000
90	통제 불능의 상황에서도 난 즐겁기만 하다	리사 비비어	12,000
91	어린이와 십대를 위한 축사사역	빌 뱅크스	11,000
92	알려지지 않은 신약성경 교회 이야기	프랭크 바이올라	12,000
93	빛은 어둠 속에 있다	패트리샤 킹	10,000
94	가족을 위한 영적 능력	베벌리 라헤이	12,000
95	목적으로 나아가는 길	드보라 조이너 존슨	8,000
96	컴 투 파파	게리 윈스	13,000
97	러쉬 아워	슈프레자 싯홀	9,000
98	그리스도 안에 거하는 삶	앤드류 머레이	10,000
99	지도자의 넘어짐과 회복	웨이드 굿데일	12,000
100	하나님의 일곱 영	키이스 밀러	13,000
101	너희 지체를 의의 병기로 하나님께 드리라	허 철	8,000
102	신부	론다 캘혼	15,000
103	추수의 비전	릭 조이너	8,000
104	하나님이 이 땅 위를 걸으셨을 때	릭 조이너	9,000
105	하나님의 집	프랜시스 프랜지팬	11,000
106	도시를 변화시키는 전략적 중보기도	밥 하트리	8,000
107	왕의 자녀의 초자연적인 삶	빌 존슨 & 크리스 밸러턴	13,000
108	초자연적 능력의 회전하는 그림자	줄리아 로렌 & 빌 존슨 & 마헤쉬 차브다	13,000
109	언약기도의 능력	프랜시스 프랜지팬	8,000
110	꿈의 언어	짐 골 & 미쉘 앤 골	13,000
111	믿음으로 산 증인들	허 철	12,000
112	욥기	잔느 귀용	13,000
113	포로들을 해방시키라	앨리스 스미스	13,000
114	나라를 변화시킨 비전: 윌리엄 테넌트의 영적인 유산	존 한센	8,000

No.	도서명	저자	정가
115	세상을 다스리는 권세의 회복	레베카 그린우드	10,000
116	예언적 계약, 잇사갈의 명령	오비 팍스 해리	13,000
117	창세기 주석	잔느 귀용	12,000
118	하나님의 강	더치 쉬츠	13,000
119	당신의 운명을 장악하라	알렌 키란	13,000
120	용서를 선택하기	존 로렌 & 폴라 샌드포드 & 리 바우먼	11,000
121	자살	로렌 타운젠드	10,000
122	레위기/민수기/신명기 주석	잔느 귀용	12,000
123	그리스도인의 영적혁명	패트리샤 킹	11,000
124	초자연적 중보기도	레이첼 힉스	13,000
125	꿈과 환상들	조 이보지	12,000
126	나는 하나님의 음성을 듣는다	킴 클레멘트	11,000
127	엘리야의 임무	존 & 폴라 샌드포드	13,000
128	하나님의 초자연적인 능력	바비 코너	11,000
129	거룩과 진리와 하나님의 임재	프랜시스 프랜지팬	9,000
130	사랑하는 하나님	마이크 비클	15,000
131	천사와의 만남	짐 골 & 미쉘 앤 골	12,000
132	과거로부터의 자유	존 & 폴라 샌드포드	13,000
133	일곱 교회 이기는 자에게 주시는 축복	허 철	9,000
134	은밀한 처소	데일 파이프	13,000
135	일곱 산에 관한 예언	조니 앤로우	13,000
136	일터에 영광이 회복되다	리차드 플레밍	12,000
137	악의 삼겹줄을 파쇄하라	샌디 프리드	11,000
138	초자연적 경험의 신비	짐 골 & 줄리아 로렌	13,000
139	웃겨야 살아난다	피터 와그너	8,000
140	폭풍의 전사	마헤쉬 & 보니 차브다	13,000
141	천국 보좌로부터 온 전략	샌디 프리드	11,000
142	영향력	윌리엄 L. 포드 3세	11,000
143	속죄	데릭 프린스	13,000
144	신의 성품에 참예하는 자	허 철	8,000
145	예언, 꿈, 그리고 전도	덕 애디슨	13,000
146	아가페, 사랑의 길	밥 멈포드	13,000
147	불타오르는 사랑	스티브 해리슨	12,000
148	그 이상을 갈망하라!	랜디 클락	13,000
149	순결	크리스 밸러턴	11,000
150	능력, 성결, 그리고 전도	랜디 클락	13,000
151	종교의 영	토미 펨라이트	11,000
152	예기치 못한 사랑	스티브 J. 힐	10,000
153	모르대개의 통곡	로버트 스턴스	13,500
154	예언사전	폴라 A. 프라이스	28,000
155	1세기 교회사	릭 조이너	12,000
156	예수님의 얼굴	데이비드 E. 테일러	13,000
157	토기장이 하나님	마크 핸비	8,000
158	존중의 문화	대니 실크	12,000
159	제발 좀 성장하라!	데이비드 레이븐힐	11,000
160	정치의 영	파이살 말릭	12,000
161	이기는 자의 기름 부으심	바바라 J. 요더	12,000
162	치유 사역 훈련 지침서	랜디 클락	12,000
163	헤븐	데이비드 E. 테일러	13,000
164	더 크라이	키스 허드슨	11,000

모닝스타 코리아 저널

No.	도서명	저자	정가
1	모닝스타저널 제1호	릭 조이너 외	7,000
2	모닝스타저널 제2호	릭 조이너 외	7,000
3	모닝스타저널 제3호 승전가를 울릴 지도자들	릭 조이너 외	7,000
4	모닝스타저널 제4호 하나님의 능력	릭 조이너 외	7,000
5	모닝스타저널 제5호 믿음과 하나님의 영광	릭 조이너 외	7,000
6	모닝스타저널 제6호 성숙에 이르는 길	릭 조이너 외	7,000
7	모닝스타저널 제7호 마지막 때를 위한 나침반	릭 조이너 외	7,000
8	모닝스타저널 제8호 회오리 바람	릭 조이너 외	8,000
9	모닝스타저널 제9호 하늘 위의 선물	릭 조이너 외	8,000
10	모닝스타저널 제10호 천상의 언어	릭 조이너 외	8,000
11	모닝스타저널 제11호 신의 성품에 참예하는 자	릭 조이너 외	8,000
12	모닝스타저널 제12호 언약의 사람들	릭 조이너 외	8,000
13	모닝스타저널 제13호 열린 하나님의 나라	릭 조이너 외	8,000
14	모닝스타저널 제14호 하나님 나라의 능력	릭 조이너 외	8,000
15	모닝스타저널 제15호 하나님 나라의 복음	릭 조이너 외	8,000
16	모닝스타저널 제16호 성령 안에서 사는 삶	릭 조이너 외	8,000
17	모닝스타저널 제17호 성령 충만한 사역	릭 조이너 외	8,000
18	모닝스타저널 제18호 초자연적인 세계	릭 조이너 외	8,000
19	모닝스타저널 제19호 하늘을 이 땅에 이끌어내다	릭 조이너 외	8,000
20	모닝스타저널 제20호 견고한 토대 세우기	릭 조이너 외	8,000
21	모닝스타저널 제21호 부서지는 세상에서 견고히 서기	릭 조이너 외	8,000
22	모닝스타저널 제22호 소집령	릭 조이너 외	8,000
23	모닝스타저널 제23호 성도들을 구비시키라	릭 조이너 외	8,000
24	모닝스타저널 제24호 자유의 투사들	릭 조이너 외	8,000
25	모닝스타저널 제25호 땅을 차지하기	릭 조이너 외	8,000
26	모닝스타저널 제26호 도래할 시기를 준비하라	릭 조이너 외	8,000
27	모닝스타저널 제27호 하나님을 즐거워하라	릭 조이너 외	8,000
28	모닝스타저널 제28호 하나님을 영화롭게 해야 할 이유	릭 조이너 외	8,000

※**모닝스타 코리아 저널**은 한정판으로 출간되기때문에 품절될 경우 구매하실 수가 없습니다. 그러므로 **품절 여부**를 확인하신 후 구매하시기 바랍니다.